DÜŞÜNCENİN GÜCÜ

&

BAŞARIYA GİDEN YOL

James Allen

ISBN: 978-605-69495-8-6

YAYINEVİ SERTİFİKA NO: 47887

MATBAA SERTİFİKA NO: 47939

DÜŞÜNCENİN GÜCÜ & BAŞARIYA GİDEN YOL

James Allen

Özgün Adı: **AS A MAN THINKETH & THE PATH TO PROSPERITY**

© Bu çevirinin Türkiye'deki yayın hakları Diyojen Yayıncılık'a aittir.

Çeviren: Zübeyde Abat

Baskı : My Matbaacılık SAN. VE TİC. LTD. ŞTİ.

MY MATBAACILIK SAN. VE TİC. LTD. ŞTİ.
Maltepe Mah. Yılanlı Ayazma Sk. No: 8/F
Zeytinburnu / İstanbul Tel: 0212 674 85 28

DİYOJEN YAYINCILIK TİC. LTD .ŞTİ
Astoria Kempinski, Büyükdere Cad. No:127
A Blok, Kat:13 D: A1305 Şişli/İstanbul
info@diyojenyayinevi.com
Tel: 0530 464 07 50

DÜŞÜNCENİN GÜCÜ

&

BAŞARIYA GİDEN YOL

James Allen

Çeviren: Zübeyde Abat

İÇİNDEKİLER

I. KISIM

Düşüncenin Gücü

II. KISIM

Başarıya Giden Yol

ÖNSÖZ

Derin düşünce ve deneyimlerin bir sonucu olarak ortaya çıkan bu "küçük büyük kitap," üzerine çok şey yazılan düşüncenin gücü konusunda ayrıntılı bir bilimsel inceleme için tasarlanmamıştır. Açıklayıcı bilgiler vermek yerine öneriler sunmaktadır. Amacı, kadın ya da erkek olsun, her insanın kendi seçtiği ve gerçekleştirmeyi istediği düşüncelerden yola çıkarak kendi gerçeğini görmesini sağlamaktır. Zihin hem karakterin içsel hem de koşulların dışsal baş dokumacısıdır. Bu zamana kadar cehalet ve acıyla dokunmuş olabilirler, ancak bundan sonra aydınlanma ve mutlulukla dokunması sizin elinizde.

JAMES ALLEN
Broad Park Avenue,
Ilfracombe, İngiltere

I. KISIM

Düşüncenin Gücü

I

Düşünce ve Karakter

DÜŞÜNCE VE KARAKTER

"İnsan ne düşünüyorsa odur," aforizması, yalnızca insanın var oluş gerçeğini açıklamakla kalmaz, aynı zamanda hayatındaki her durum ve koşulu anlamayı da olanaklı kılar. İnsan kelimenin tam anlamıyla *düşündüğü şeydir*, düşüncelerinin toplamı karakterini oluşturur.

Nasıl ki bitkinin yeşermesini sağlayan tohumdur ve tohumsuz bitki düşünülemezse, aynı şekilde insanın eylemlerini yeşerten de gizli düşünce tohumlarıdır ve bunlar olmadan eylemler de ortaya çıkmaz. Aynı durum planlanarak gerçekleştirilen eylemler kadar "kendiliğinden" ve "plansız" diye nitelendirilen eylemler için de geçerlidir.

Eylem düşünce filizidir; neşe ve keder onun meyveleridir, bu yüzden insan kendi çiftliğinde yetiştirdiği tatlı ve acı meyveleri toplar.

"Aklımızdaki düşünceler bizi anlatır, ne olduğumuzu
Düşünce ile yoğrulup hangi şekli aldığımızı.
Kişi eğer kötü düşüncelere sahipse acı peşinde dolanır
Ve onunla yuvarlanıp gider…

… Kişi eğer temiz düşüncelere sahipse
Mutluluk da onu izler
Kendi gölgesinde – elbette."

İnsanın gelişimini sağlayan bir yasa vardır, öyle ki insan rastgele oluşmuş bir varlık değildir. Neden ve sonuç, tıpkı somut ve maddi şeyler dünyasında olduğu gibi gizli düşünce âleminde de kesindir ve herhangi bir sapmaya uğramaz. Asil ve ulvi bir karakter lütuf değildir ya da şans eseri oluşmaz, ancak sürekli bir çabayla doğru düşünerek uzun süreli ilahi düşüncelerin bir bileşkesi olarak doğar. Zayıf ve kötü bir karakter de aynı şekilde sürekli olarak benimsenen sinsi düşüncelerin bir neticesidir.

İnsanı olgunlaştıran da hamlaştıran da kendisidir, düşünce cephaneliğinde kendi kendisini yok ettiği silahları üretir, aynı zamanda kendisine mutluluk, güç ve huzur bulacağı cennetvari evler inşa etmek için aletler icat eder. İnsan düşüncelerini doğru seçerek ve yerinde uygulayarak ilahi mükemmelliğe ulaşır, düşüncelerini kötüye kullanarak ve yanlış yerlerde uygulayaraksa seviye düşer. Bu iki uç arasındaki her şey karakterinin aşamalarıdır ve bu durumu yaratan da sahiplenen de insanın kendisidir.

Bu çağda gün ışığına çıkarılmış ruha dair güzel gerçeklerden hiçbiri şu ifadeden daha hoşnut edici ya da ilahi vaat ve umut bakımından daha etkileyici değildir: İnsan düşüncelerinin efendisi, karakterinin kalıpçısı, kaderinin belirleyicisi ve şekillendiricisidir.

Bir güç, zekâ, tanrı sevgisinin varlığı ve kendi düşüncelerinin efendisi olarak insan, her duruma göre anahtarı kendi elinde tutar ve istediğini elde edebilmek için değişim ile yaşamsal gücü kendi içinde barındırır.

İnsan en güçsüz ve en umarsız halde bile her zaman efendidir, ancak güçsüzlüğünde ve umarsızlaştığında "evini" yöneten akılsız bir efendiden farksız olur. Bunu kendi durumuna yansıtmaya meylettiğinde ve gayretle varlığının temelini oluşturan bir "yasa" arayışına girdiğinde, enerjisini zekice yararlı şeylere yönlendiren ve düşüncelerini yararlı şeyler için kullanan akıllı bir efendi olmaya başlar. Böylece tamamen uygulama, içsel analiz ve deneyimin keşfiyle *bilinçli* bir efendi olur. Ancak bu şekilde *kendi içindeki* düşünce yasalarını keşfeder.

Altın ve elmas yalnızca daha fazla araştırma ve teknik bilgiyle elde edilir, aynı şekilde insan ruhundaki cevhere ulaşmak için daha derinleri kazdıkça kendi varlığı ile bağlantılı her türlü gerçeği bulabilir. Kendi karakterinin yaratıcısı, hayatının şekillendiricisi ve kaderinin mimarı da kendisidir. Eğer düşüncelerini izler, denetler ve değiştirirse, etkilerini kendinin ve başkalarının üzerinde görmeye çalışırsa, sabırla tecrübe ederek ve araştırarak neden ve sonuç arasında bağlantı kurarsa, her bir deneyimini anlayış, bilgelik, güç olan kendi öz bilgisini elde etmede bir araç olarak en önemsiz, sıradan olaylarda yararlanmak için kullanırsa hedefinden de şaşmaz. Bu doğrultuda hiçbir şeyde olmadığı kadar mutlak bir kural vardır ki "insan aradığını bulur ve çaldığı hiçbir kapı yüzüne kapanmaz," yalnızca sabır, uygulama ve daimi ısrarcılıkla insan "Bilgi Tapınağı"nın kapısını aralayabilir.

II

Düşüncenin Koşullar Üzerindeki Etkisi

DÜŞÜNCENİN KOŞULLAR ÜZERİNDEKİ ETKİSİ

Bir insanın zihni zekice işlenebilecek veya başıboş bırakılabilecek bir bahçeye benzetilebilir, ancak işlensin ya da ihmal edilsin, bu bahçenin ürün vermesi beklenir ki verecektir de. Eğer yararlı hiçbir tohum atılmazsa bolca yabani ot biter ve yerine yenileri gelir.

Bir bahçıvan nasıl bahçesini yabani otlardan temizleyerek ve dilediği kadar meyve ve çiçek yetiştirerek toprağı işliyorsa insan da aynı şekilde zihin bahçesini yanlış, yararsız ve kirli düşüncelerden arındırarak mükemmelliğe ulaşmak için doğru, gerekli ve temiz düşüncelerin çiçekleriyle meyvelerini yetiştirebilir. Bu süreci izleyerek bir insan er ya da geç ruhunun usta bahçıvanı ve hayatının yöneticisi olur. Aynı zamanda kendi içinde düşüncenin yasalarını açığa çıkarır ve her geçen gün kendinden daha emin bir şekilde düşünce gücünün ve zihninin unsurlarının nasıl karakterini, koşullarını ve kaderini tayin ettiğinin farkına varır.

Düşünce ve karakter birdir. Karakter kendini yalnızca çevre ve koşullara göre biçimlendirip keşfederken, insan hayatına yön veren dış koşullar her zaman kişinin ruh haline uygun bir şekilde ortaya çıkacaktır. Bu elbette insanın belli zamanda karşılaştığı koşulların *tüm* karakterinin bir göstergesi olduğu anlamına gelmez, ancak bu koşullar son derece önemli olan düşünce unsuruyla öyle yakından ilişkilidir ki gelişim gösterdiği süre boyunca bundan vazgeçilemez.

Her insan varlığının yasalarına göre yaşar; karakterini inşa etmede kullandığı düşünceler onu bulunduğu noktaya getirmiştir ve orada hayatının düzenlemesinde hiçbir şans öğesi bulunmaz, ancak her şey değişmez bir yasanın sonucudur. İşte bu tam da kendi şartlarından hoşnut olanlar kadar çevreye "uyumsuz" hissedenler için de geçerlidir.

Sürekli değişim ve gelişim gösteren bir varlık olarak insan kendini yetiştirebileceğine inandığı yerdedir, koşulların kendine sunduğu ruhsal dersi öğrenir ve yerine yeni koşullar getirir.

İnsan kendisini oluşturan şeyin dış koşullar olduğuna inandığı sürece şartlara karşı direnç gösterir, fakat belirleyici güç olduğunu anladığında, şartların gelişebileceği varlığının gizli toprağına ve tohumlarına hükmedebilir, böylelikle kendisinin hakiki efendisi olur.

Hayatı boyunca öz denetim ve arınmayı en az bir kez tecrübe eden herkes, şartların düşünceyle şekillendiğini bilir, çünkü kendi şartlarına bağlı değişimin değişen zihinsel durumuyla doğru orantılı olduğunun farkındadır. Bu yüzden insan istekli bir şekilde kendi karakterindeki kusurları iyileştirdiği, hızlı ve kayda değer bir ilerleme gösterdiği zaman hayatta karşılaştığı olaylarla da baş edebilir.

Ruh gizlice beslediği, sevdiği ve korktuğu şeyleri üzerine çeker. Değerli emellerin seviyesine ulaşır, hoş olmayan arzuların seviyesine iner, dolayısıyla şartlar ruhun kendi edindiği araçlardır.

İnsanın zihnine ektiği ya da düşüp kök salmasına izin verdiği her düşünce tohumu, kendi kendine büyüyerek er ya da geç eyleme dönüşecek ve kendi fırsat ve koşul meyvesini verecektir. İyi düşünceler iyi meyve, kötü düşünceler kötü meyve verir.

Dış dünyadaki koşullar düşüncenin iç dünyasına göre şekillenir ve hem hoş hem de hoş olmayan bu koşullar bireyin iyiliğini sağlayan etmenlerdir. Kendi hasadını yapan insan hem acı çekmeyi hem de mutluluğu öğrenir.

İnsan üzerinde hâkimiyet kurmasına izin verdiği en derin arzuları, emelleri ve düşünceleri izleyerek (kötü düşüncelerin peşinde koşarak ya da güçlü ve büyük çabanın yolundan azimle yürüyerek) sonunda hayatının dış koşullarında takip ettiği düşüncelerinin gerçekleşebileceği ve meyve vereceği seviyeye ulaşır. Gelişme ve uyum yasaları her yerde geçerlidir.

Bir insan kaderin zalimliği veya şartların zorluğu yüzünden düşkünler evine ya da hapse girmez, kirli düşüncelerin ve temelsiz arzuların yolunu izlediği için girer. Temiz düşünceli bir insan da herhangi bir dış gücün etkisiyle hiçbir sebep olmaksızın suç işlemez, suç düşüncesi yürekte gizlice gelişmekte ve fırsat anının gelmesiyle gücü açığa çıkmaktadır. İnsanı oluşturan koşullar değildir, onu açığa çıkaran koşullardır. İnsanı kötü eğilimler olmadan kötülüğe ve ona eşlik eden acılara götüren ya da erdemli arzular sürekli olarak yeşertilmeden erdeme ve onun saf mutluluğuna götüren hiçbir koşul yoktur. Bu nedenle insan, düşüncenin sahibi ve efendisi olarak kendisinin yaratıcısı ve çevrenin biçimlendiricisi ve yazarıdır. Doğumda bile ruh kendi başına gelir ve dünyevi yolculuğunun her basamağında kendisini açığa çıkaran, kendi saflığının ve kirliliğinin, gücünün ve zayıflığının yansımaları olan durumların bileşimini kendine çeker.

İnsanlar istediklerini değil, kendilerine yakın buldukları şeyleri çekerler. Kaprisleri, istekleri ve tutkuları her adımda engellenir, ancak en derin düşünceleri ve arzuları, temiz ya da kirli olsun, kendi sahip olduğu besinlerle beslenir. "Sonumuzu şekillendiren ilahi güç" içimizde, kendimizdedir. İnsan kendi kelepçelerini takar: Düşünce ve eylem kaderin gardiyanlarıdır, temelde yer alan düşünceleri hapsederler. Aynı zamanda özgürlüğün de melekleridir – asil olan düşünceleri özgür bırakırlar. İnsan dilediği ve talep ettiği şeyleri almaz, bunları adil bir şekilde kazanır. Ancak düşünceleri ve eylemleriyle uyum içinde olduğu sürece dilekleri ve talepleri karşılanır ve yanıtlanır.

Bu gerçeğin ışığında, "koşullara karşı direnmek" ne anlama gelmektedir? Bunun anlamı, insanın sürekli olarak *nedenini* yüreğinde besleyip korumasına rağmen bir *sonuç* karşısında devamlı mücadele vermesidir. Neden, bilinçli bir kötülük ya da bilinçsiz bir zayıflık biçimini alabilir. Ancak ne olursa olsun, kişinin uğraşlarını inatla aksatır ve dolayısıyla çözülmeyi gerektirir.

İnsanlar şartlarını düzeltmeye heveslidirler, ancak kendilerini düzeltmeye isteksizdirler, dolayısıyla elleri kolları bağlı beklerler. Kendisini çarmıha germekten kaçınmayan bir insan hayalini kurduğu şeyleri gerçekleştirmede asla başarısızlığa uğramaz. Bu, manevi şeylerde olduğu kadar maddi dünya için de geçerlidir. Tek amacı zengin olmak olan bir insan bile, bu amacına ulaşmak için kendinden ödün vermeye hazırlıklı olmalıdır, o halde güçlü ve dengeli bir yaşama kavuşmak isteyen bir insan bundan daha fazla ne yapabilir?

Çok fakir bir insan düşünün. Çevresindeki ve evindeki refahı arttırmak için son derece isteklidir, buna rağmen işinden kaytarır ve maaşının yeterli olmamasını gerekçe göstererek işverenini aldatma yoluna gider. Böyle bir insan gerçek refahın temeli olan en basit ilkeleri bile anlamamaktadır ve sadece kötü durumundan kurtulmayı hak etmediği gibi, aynı zamanda miskin, aldatıcı ve ürkek düşüncelere saplanıp bunları uygulamakla gerçekte kendisini daha büyük bir sefalete sürüklemektedir.

Açgözlülük nedeniyle acılı ve amansız bir hastalığın kurbanı olan zengin bir insan düşünün. İyileşmek için büyük miktarlarda para vermeye razıdır, ancak doyumsuz arzularından ödün vermeye yanaşmaz. Hem gösterişli ve yapay besinlerle iştahını doyurmak hem de sağlıklı kalmak istemektedir. Böyle bir insan sağlıklı olmayı hak etmez, çünkü sağlıklı bir yaşamın temel ilkelerini henüz öğrenmemiştir.

Düzenli olarak maaşları ödememek için hileye başvuran ve daha fazla kâr elde etmek umuduyla çalışanlarının maaşlarını düşüren bir işveren düşünün. Böyle bir insan kesinlikle refahı hak etmediği gibi hem ününü hem de servetini kaybedip iflasın eşiğine geldiğinde, içinde bulunduğu durumdan asıl sorumlu olan kendisini suçlamak yerine koşulları bahane edecektir.

Bu üç örneği insanın kendi şartlarını (çoğunlukla bilinçsiz olarak) kendi oluşturduğunu ve iyi bir sonuç almayı hedeflerken bu sonuçla çelişecek düşüncelerini ve arzularını körüklediğini, dolayısıyla bunun gerçekleşmesini sürekli olarak engellediğini göstermek için verdim. Bu örnekler çoğaltılarak çeşitlendirilebilir, ancak bunun gerekli olduğunu düşünmüyorum. Okuyucu kendi zihninde ve yaşamında düşünce yasalarının işleyişini izleyerek bu örnekleri bulabilir. Bunu sağlamadan, yalnızca dış gerçekler üzerinde akıl yürütmek yararlı sonuç vermeyecektir.

Buna rağmen şartlar öyle karmaşık, düşüncenin kökleri öyle derin ve mutluluğun gerekçeleri bireye bağlı olarak öyle değişkendir ki bir insanın ruhsal durumu (kendince bilinmesine rağmen) yalnızca dış dünyasını bilen birinin gözüyle değerlendirilemez. Bir insan belli açılardan dürüst göründüğü halde mahrumiyetleri olabilir, başka bir insan belli açılardan dürüst görünmediği halde refah içinde olabilir. Ancak bu değerlendirmeyi, bir insanın belli açılardan *dürüst olduğu için başarısız olduğu* ve diğerinin belli açılardan *dürüst olmadığı için refaha ulaştığı* gerçeğiyle temellendirme fikri, dürüst olmayanın tamamen ahlaksız ve dürüst olanın da tamamen erdemli olduğunu düşünmekten doğar. Daha derin bir bilgi ve daha geniş bir deneyimin ışığında değerlendirildiğinde, bu yaklaşımın gerçekçi olmadığı hemen anlaşılır. Dürüst olmayan insan diğerinin sahip olmadığı bazı takdire değer erdemlere sahip olabilir ve dürüst insan da diğerinde bulunmayan bazı kötü özelliklere sahip olabilir. Dürüst insan dürüst düşüncelerinin ve eylemlerinin sonuçlarını alır, bununla birlikte kötülükleri neticesinde ortaya çıkan acılara katlanır. Dürüst olmayan insan da aynı şekilde kendi acılarını ve mutluluğunu taşır.

Bir insanın erdeminden dolayı acı çektiğine inanmak kibirlilikle alakalıdır, ancak bir insan bütün hastalıklı, kötü ve kirli düşünceleri ruhundan kazıdığı takdirde acılarının iyi niteliklerinden değil, kötü niteliklerinden kaynakladığını bilecek ve bunu ifade edecek olgunluğa erişebilir. Mükemmele ulaşmak isteyen ve henüz yolun başında olan bir insan zihninde ve hayatında son derece adil olan ve dolayısıyla iyiyle kötüyü hiçbir zaman karıştırmayan "Büyük Yasa"yı keşfeder. Böyle bir bilgiye sahip olduğu sürece, geçmişteki cehaletini ve körlüğünü göz önünde bulundurarak hayatının her zaman adil bir düzene sahip olduğunu ve olacağını ve iyi ya da kötü tüm geçmiş deneyimlerinin henüz gelişmekte olan, ancak gelişmemiş benliğinin adil işleyişi olduğunu fark edecektir.

İyi düşünceler ve eylemler her zaman kötü sonuçlar getirmez, aynı şekilde kötü düşünceler ve eylemler de her zaman iyi sonuçlar getirmez. Bu, mısırdan yalnızca mısır üretilebileceğini ve ısırgandan da yalnızca ısırgan üretilebileceğini söylemekten farksızdır. İnsanlar gerçek hayatta bu yasayı böyle algılar ve uygularlar, ancak aralarında yalnızca bazıları zihinsel ve manevi dünyada (oradaki işleyişi basit ve değişmez olduğu halde) bu yasanın varlığını kabul ederler ve dolayısıyla ona uymazlar.

Acı çekmek *her zaman* belli bir açıdan yanlış düşünmenin sonucudur. İnsan kendisiyle ve varlığının yasasıyla uyum içerisinde olmadığı sürece bu sonuç kendini gösterir. Acı çekmenin tek ve gerçek avantajı gereksiz ve kötü olan her şeyi arıtarak ve yakarak yok etmesidir. Saf düşüncelere sahip biri için acı hafifleyerek yok olur. Posası temizlendikten sonra altını yakmanın bir anlamı olamaz ve mükemmel bir şekilde saflaştırılmış ve aydınlatılmış bir varlık asla acı çekmez.

Bir insanın acı çekmesine neden olan şartları yaratan, kendi zihinsel uyumsuzluğudur. Bir insanın mutlu olmasını sağlayan şartları yaratan ise kendi zihinsel uyumudur. Doğru düşünce maddi varlıklarla değil, mutlulukla ölçülür. Yanlış düşünce de maddi varlıklara sahip olmamakla değil, sefaletle ölçülür. Bir insan talihsiz olduğu halde zengin olabilir, mutlu olduğu halde yoksul olabilir. Mutluluk ve zenginlik, ancak zenginlik doğru ve akıllıca kullanıldığı zaman bir araya gelir. Yoksul bir insan da kendi payına düşeni haksız bir yük gibi gördüğü zaman sefalete gömülür.

Fakirlik ve düşkünlük sefaletin iki uç noktasıdır. Her ikisi de normal değildir ve zihnin olumsuz düşüncelerinden meydana gelir. Bir insan mutlu, sağlıklı ve başarılı olmadığı sürece kendi düzenini tutturamaz. Mutluluk, sağlık ve başarı insanın iç dünyasıyla dış dünyasının, kendisiyle çevresinin uyumlu olmasının bir neticesidir.

Bir insan halinden şikâyet edip küfretmeyi bıraktığında insan olmaya ve hayatını düzenleyen gizli adaleti aramaya başlar. Bu düzenleyici etmeni aklında tuttuğu sürece, başkalarını suçlamaktan vazgeçer ve kendisini güçlü ve asil düşüncelerle geliştirir; içindeki güçleri ve imkânları keşfederek şartlara karşı gelmeyi bırakıp onları hızlı gelişimini sürdürmek için kendi yararına kullanmaya başlar.

Evrende hüküm süren temel ilke karmaşa değil, yasadır; hayatın ruhu ve özü adaletsizlik değil, adalettir. Dünyanın ruhsal düzenine biçim ve hareket kazandıran kuvvet ahlaksızlık değil, doğruluktur. O halde insan evrendeki doğruyu bulmak için öncelikle kendisinde doğruyu aramalıdır ve bu doğruyu arama sürecinde, düşüncelerini başka insanlara ve şeylere göre düzenledikçe, başka insanların ve şeylerin de kendisine karşı değiştiğini görecektir.

Her insan basit bir gözlem ve sistematik bir analizle bu gerçeğin kanıtını kendi içinde bulabilir. Düşüncelerini temelden değiştirebildiği sürece hayatındaki maddi koşulları etkileyebilecek hızlı dönüşüm onu şaşırtacaktır. İnsanlar düşüncenin gizli tutulabileceğini düşünürler, ancak bu mümkün değildir. Düşünceler alışkanlıklara göre ortaya çıkar ve alışkanlıklar şartlara göre somutlaşır.

Kaba düşünceler sarhoşluk ve şehvet alışkanlığında ortaya çıkar, yoksunluk ve hastalık şartlarında somutlaşır. Her tür kirli düşünce zayıflatıcı ve kafa karıştırıcı alışkanlıklarda ortaya çıkar, dikkat dağıtıcı ve olumsuz şartlarda somutlaşır. Korku, şüphe ve kararsızlık düşünceleri güçsüzlük ve kararsızlıkla ilintili alışkanlıklarda ortaya çıkar, başarısızlık, yoksunluk ve kölelik şartlarında somutlaşır. Tembellikle ilgili düşünceler temiz ve dürüst olmama alışkanlığında ortaya çıkar, kirlilik ve fakirlik şartlarında somutlaşır. Nefret dolu ve kınayıcı düşünceler suçlama ve şiddetle ilişkili alışkanlıklarda ortaya çıkar, zarar ve zulüm şartlarında somutlaşır. Her tür bencil düşünce kişisel çıkar gözetilen alışkanlıklarda ortaya çıkar, acı verici şartlarda somutlaşır. Diğer taraftan her tür güzel düşünce incelik ve zarafetle ilgili alışkanlıklarda ortaya çıkar, hoşluk ve memnuniyet şartlarında somutlaşır: Temiz düşünceler hoşgörü ve öz denetimle ilintili alışkanlıklarda ortaya çıkar, dinginlik ve huzur şartlarında somutlaşır. Cesaret, özgüven ve kararlılık düşünceleri güvenilirlikle bağlantılı alışkanlıklarda ortaya çıkar, başarı, bolluk ve özgürlük şartlarında somutlaşır. Enerjik düşünceler temizlik ve çalışkanlık şartlarında ortaya çıkar, hoşluk şartlarında somutlaşır. Nazik ve bağışlayıcı düşünceler nezaketle ilgili alışkanlıklarda ortaya çıkar, koruyucu ve bozulmayı önleyici şartlarda somutlaşır. Sevgi dolu ve bencil olmayan düşünceler başkalarının rahatlığını ön planda tutma alışkanlıklarında ortaya çıkar, güvenilirlik, refah ve gerçek zenginlik şartlarında somutlaşır.

Her düşünce silsilesi, iyi ya da kötü olsun, sonuçlarını karakter ve koşullar üzerine yansıtacaktır. Bir insan kendi koşullarını doğrudan kendi belirleyemez, ancak kendi düşüncelerini seçerek dolaylı olarak ve emin bir şekilde koşullarına biçim verebilir.

Doğa her insanın düşüncelerini gerçekleştirmesine yardım eder ve hem iyi hem de kötü düşüncelerin hızla su yüzeyine çıkmasını sağlayacak fırsatlar sunar.

Bir insan günahkâr düşüncelerinden arındırılırsa tüm dünya ona karşı yumuşayacak ve ona yardım elini uzatacaktır. Güçsüz ve hastalıklı düşüncelerinden uzaklaştırılırsa güçlü kararlarını destekleyecek fırsatlar her yönden karşısına çıkacaktır. İyi düşüncelerle donatılırsa kötü kader onu sefalete ve utanca boğmayacaktır. Dünya sizin kaleydoskopunuzdur ve size peşi sıra sunduğu farklı renk kombinasyonları da sizin sürekli hareket halindeki düşüncelerinizin en güzel şekilde uyarlanmış resimleridir.

Olmak istediğiniz ne varsa olursunuz;
Başarısızlık bulur hatasını kendi içinde
"Çevre" ne zavallı bir sözcük,
Yalnız ruh onu reddeder özgürce.

Zamana hükmeden ve mekânı fetheden;
Sindiren o kibirli düzenbazı, Talihi,
Ve zorlu Koşula emreden
Taçsız ve bir hizmetkâr gibi.

İnsan İradesidir görünmeyeni gören
Verimi Ölümsüz Ruhun
Hedefin yolunu açan
Ve aşılmaz duvarları aşan

"Gecikmeler olursa sabretmeli
Beklemeli ve anlayış göstermeli
Ruh canlanıp emrettiğinde
Melekler hazırdır itaate."

III

Düşüncenin Sağlık ve Beden Üzerindeki Etkisi

DÜŞÜNCENİN SAĞLIK VE BEDEN ÜZERİNDEKİ ETKİSİ

Beden, zihnin hizmetçisidir. İster bilerek seçilmiş, isterse kendiliğinden ifade edilmiş olsun, beden zihnin emirlerini yerine getirir. Kötü düşüncelerle eğitildiği sürece hızla hastalığa yakalanacak ve çürüyecektir, hoş ve güzel düşüncelerle eğitilmesi halindeyse gençleşecek ve güzelleşecektir.

Tıpkı koşullar gibi hastalık ve sağlık da kökenlerini düşünceden alır. Hastalıklı düşünceler kendilerini hastalıklı bir bedende gösterir. Korkuya dair düşüncelerin bir insanı mermi kadar hızlı öldürebildiği bilinmektedir ve daha yavaş olsa da aynı kesinlikle sürekli olarak binlerce insanı öldürdüğü bir gerçektir. Hastalık korkusu taşıyan insanlar hastalığa kolayca yakalanırlar. Endişe hızla tüm bedeni çökertir ve onu hastalığa karşı savunmasız hale getirir, öte yandan kötü düşünceler fiziksel olarak gerçekleştirilmeseler bile, kısa sürede sinir sistemini mahvederler.

Saf, güçlü ve mutluluk veren düşünceler bedene kuvvet ve güzellik aşılar. Beden, kendisini etkileyen düşüncelere hemen cevap veren hassas ve plastik bir enstrümandır, düşünme alışkanlıkları onun üzerinde iyi ya da kötü etkilerini gösterecektir.

İnsanlar temiz olmayan düşünceleri benimsedikleri sürece kirli ve zehirleyen kanla yaşamlarını sürdürürler. Temiz bir kalp temiz bir yaşam ve temiz bir beden demektir. Kötü yönde kullanılan bir zihin kötü bir yaşam ve bozulmuş bir beden anlamına gelecektir. Düşünce eylemin, yaşamın ve ifadenin pınarıdır, pınar temiz kaldığı sürece diğer her şey de temiz olacaktır.

Bir insan düşüncelerinde değişiklik yapmayıp yalnızca beslenme alışkanlıklarını değiştiriyorsa bir fayda göremez. Düşüncelerini saflaştırdığı zaman artık saf olmayan besinlere ihtiyaç duymayacaktır.

İyi düşünceler iyi alışkanlıkları da beraberinde getirir. Bedenini yıkamayan sözde aziz, aziz değildir. Düşüncelerini güçlendiren ve arındıran kişinin kötü niyetlileri dikkate almasına gerek yoktur.

Bedeninizi mükemmelleştirmek istiyorsanız zihninizi koruyun. Bedeninizi yenilemek istiyorsanız zihninizi güzelleştirin. Kin, kıskançlık, hayal kırıklığı ve umutsuzlukla ilgili düşünceler bedensel sağlığı ve zarafeti kötü etkiler. Hiçbir yüz durduk yere asılmaz, bunda olumsuz düşüncelerin etkisi vardır. Görüntüyü bozan çizgilerin nedeni aptallık, ihtiras ve kibirdir.

Doksan altı yaşında olmasına rağmen bir kız çocuğunun canlı, masum yüzüne sahip olan bir kadın tanıyorum. Orta yaşın oldukça altında, yüzü düzensiz çizgilerle dolu bir adam da tanıyorum. İlki tatlı ve neşeli bir mizaca sahipken, diğeri ise içinde ihtiras ve tatminsizliği barındırıyor.

Nasıl ki havanın ve güneş ışığının odalarınıza özgürce girmesine izin vermeden güzel ve ferah bir eviniz olamazsa, güçlü bir beden ve canlı, mutlu ya da huzurlu bir yüz ifadesi de ancak neşe, iyi niyet ve huzura dair düşüncelerin zihin tarafından özgürce kabul edilmesiyle elde edilir.

Yaşlıların yüzünde sempatinin, bazılarında güçlü ve saf düşüncenin oluşturduğu çizgiler vardır ve bazılarının yüzleri de ihtirasla şekillenmiştir; kim bunları ayırt edemez ki? Dürüst bir hayat sürmüş olanlarda yaş batan güneş gibi sakin, huzurlu ve olgundur. Kısa bir zaman önce bir filozofu ölüm döşeğinde gördüm. Onu yaşlandıran yalnızca yıllardı. Tıpkı yaşadığı zamanki gibi tatlı ve huzur içinde öldü.

Hiçbir doktor bedendeki hastalıkları yok etmede neşe veren düşünceler kadar etkili değildir, keder ve üzüntünün gölgelerini dağıtmak için de iyi niyet gibi bir rahatlatıcı yoktur. Sürekli olarak kötü niyet, alaycılık, şüphe ve kıskançlık düşünceleriyle yaşamak, insanın kendi elleriyle yaptığı bir hapishanede kapalı kalması demektir. Diğer taraftan her şeyi iyi açıdan düşünmek, her şeye neşeyle yaklaşmak, her şeyin içindeki iyiliği bulmak için azimle öğrenmek; bu tür bencil olmayan düşünceler cennetin giriş kapılarıdır ve her yaratığa karşı barışçıl düşünceler barındırmak bu düşüncelerin sahibine dilediği kadar huzur getirecektir.

IV

Düşünce ve Amaç

DÜŞÜNCE VE AMAÇ

Düşünce bir amaç doğrultusunda gerçekleşmediği sürece, akıllıca bir beceriden söz etmek mümkün değildir. Çoğu zaman düşüncenin sesi, yaşam okyanusunda "sürüklenmeye" bırakılır. Amaçsızlık kötü bir alışkanlıktır, felaket ve yıkımdan sakınarak yüzenler için bu sürüklenme devam etmemelidir.

Hayatlarında temel bir amacı olmayanlar önemsiz endişelerin, korkuların, sıkıntıların ve yakınmaların esiri olurlar ve tüm bunlar (farklı bir yol izlese de) kasıtlı olarak planlanmış kötülükler kadar kesin şekilde başarısızlığa, mutsuzluğa ve kayba yol açan güçsüzlüğün göstergeleridir, çünkü güçsüzlük güçle dönen bir evrende hüküm süremez.

Bir insan yüreğinde mantıklı bir amaç tasarlamalı ve onu gerçekleştirmek üzere harekete geçmelidir. Bu amacı düşüncelerinin merkezine yerleştirmelidir. O zamanki özelliğine bağlı olarak bu, ruhsal bir ideal ya da dünyevi bir amaç şeklini alabilir. Hangisi olursa olsun, düşünce gücünü azimle ortaya koyduğu hedefin üzerine yoğunlaştırmalıdır. İnsan bu amacı başlıca görevi haline getirmeli ve kendini onu elde etmeye adamalı; düşüncelerini geçici isteklere, özlemlere ve hayallere kaydırmamalıdır. Öz denetim sağlamanın ve gerçek anlamda düşüncelere odaklanmanın tek yolu budur. Amacını gerçekleştirmede sürekli başarısızlığa uğrasa da (güçsüzlüğünü yeninceye kadar böyle olması gerekir), *karakterine kazandırdığı sağlamlık* gerçek başarısının "ölçüsü" olacak ve bu gelecekte elde edeceği güç ve zafer için yeni bir başlangıç noktası haline gelecektir.

Büyük bir amacı henüz kavrayamayanlar, ne kadar önemsiz görünse bile düşüncelerini görevlerinin hatasız yerine getirilmesi üzerinde yoğunlaştırmalıdırlar. İşte o zaman düşüncelerini toplayıp belli bir noktaya odaklayabilir, kararlılıklarını ve enerjilerini geliştirebilirler. Bu gerçekleştiği takdirde, başarılamayacak hiçbir şey yoktur.

Kendi güçsüzlüğünün farkında olan ve bu gerçeğe – *gücün yalnızca çabalayarak ve çalışarak elde edilebileceğine* – inanan en güçsüz ruh bile, bu inançla gayretini gösterecektir. Ve daha fazla çaba, daha fazla sabır ve daha fazla güçle daima kendini geliştirecek ve nihayet son derece güçlü bir hale gelecektir.

Fiziksel açıdan güçsüz olan bir insan dikkatli ve sabırlı bir eğitimle kendisini nasıl güçlendirebilirse, zayıf düşüncelere sahip bir insan da doğru düşünme konusunda çalışarak düşüncelerini güçlendirebilir.

Amaçsızlığı ve güçsüzlüğü bir kenara bırakıp kararlı şekilde düşünmeye başlamak, başarısızlığı yalnızca başarıya giden yollardan biri olarak kabul eden güçlülerin, tüm koşulları kendi yararına kullananların, güçlü düşünenlerin, korkusuzca girişimde bulunanların ve ustaca kazananların arasına katılmak demektir.

Bir insan amacını belirledikten sonra, bunu başarmak için zihninde düz bir yol çizmeli, sağa ya da sola bakmamalıdır. Şüpheler ve korkular tamamen arkada bırakılmalıdır. Bunlar çabalayarak oluşturulan düz çizgide eğikler yaratıp onu etkisiz ve yararsız hale getiren parçalayıcı unsurlardır. Şüphe ve korku içeren düşüncelerle asla bir şey başarılamaz. Başarısızlık böyle durumlarda kaçınılmazdır. Şüphe ve korku sessizce sokulduğunda amaç, enerji, başarma gücü ve tüm güçlü düşünceler tükenir.

Başarma isteği *başarabileceğimiz* bilgisiyle ortaya çıkar. Şüphe ve korku, bilginin en büyük düşmanıdır. Kim onları körükler ve yok etmezse her adımda kendi önüne bir taş koyar.

Kim şüpheyi ve korkuyu yenerse başarısızlığı da yenmiş sayılır. Her düşüncesi güçle birlikte hareket eder ve tüm zorluklar cesurca aşılıp akıllıca yenilir. Amaçları doğru mevsimde ekilmiştir ve çiçek açıp zamanından önce yere düşmeyen meyveler verir.

Korkusuzca amaçla birleşen düşünce, yaratıcı güce dönüşür: Bunu *bilen* kişi, bir yığın tereddütlü düşünce ve kararsızlık duygusundan daha yüksek ve güçlü bir şeye dönüşmeye hazırdır. Bunu *başaran* kişi, zihinsel güçlerinin bilinçli ve akıllı kullanıcısı haline gelmiştir.

V

Başarmada Düşünce Faktörü

BAŞARMADA DÜŞÜNCE FAKTÖRÜ

Bir insanın başardığı ve başaramadığı her şey doğrudan kendi düşüncelerinin neticesidir. Denge kaybının yıkımla aynı anlama geldiği adil şekilde düzenlenmiş bir evrende, bireysel sorumluluk mutlak olmalıdır. Bir insanın güçsüzlüğü ve gücü, saflığı ve kötülüğü başkasına değil, kendisine aittir. Bunları geliştiren başkası değil, kendisidir ve bunlar kendisi tarafından değiştirilebilir, asla bir başkası tarafından değil. Koşullarını yaratan da başkası değil, kendisidir. Acıları ve mutlulukları kendi içinde gelişir. Nasıl düşünürse öyledir, düşünmeye devam ettiği sürece öyle kalır.

Güçlü bir insan, yardım almaya *istekli* olmadığı sürece güçsüz bir insana yardım edemez, güçsüz insan buna istekli olsa bile, kendi kendisini güçlendirmelidir. Kendi çabalarıyla başkalarında beğendiği gücü geliştirmelidir. İnsan kendi durumunu başkasının düzeltmesini beklememeli, bunu kendisi değiştirmelidir.

"Pek çok kişi itaatkârdır, çünkü birileri baskıcıdır; baskıcılardan nefret edelim!" şeklinde düşünen ve konuşan oldukça fazla insan vardır. Fakat giderek daha az insan bu değerlendirmenin tersine, "Birileri baskıcıdır, çünkü pek çok kişi itaatkârdır; itaatkârları hor görelim," deme eğilimi göstermektedir. Şu bir gerçektir ki hem baskıcı olanlar hem de itaatkârlar cehaletle işbirliği içindedir ve birbirlerine acı veriyor gibi görünseler de gerçekte kendilerine acı vermektedirler. Ne var ki mükemmel bir *bilgi*, baskı altında olanların güçsüzlüğünde ve baskıcının yanlış uygulanan gücündeki eylem yasasını algılar. Mükemmel bir *sevgi* her iki tarafın da yüklendiği acıyı görür ama ikisini de yadsımaz, mükemmel bir *merhamet* ise hem baskıcıya hem de baskı altındakilere kucak açar.

Güçsüzlüğü yenmiş ve tüm bencil düşüncelerinden arınmış bir kişi ne baskıcı ne de baskı altındakiler arasındadır. O özgürdür.

Bir insan ancak düşüncelerini yükselttiğinde yücelebilir, istediğini elde edebilir ve başarılı olabilir. Düşüncelerini yükseltmeyi reddettiğinde ise güçsüz, sefil ve bedbaht kalabilir.

Bir insanın maddi şeylerde bile, herhangi bir başarı elde etmesi için önce düşüncelerini yükseltmesi gerekir. Başarılı olmak için mutlaka tüm hayvani dürtülerden ve bencillikten vazgeçmek şart değildir, ancak yine de biraz fedakârlık gerekebilir. Aklındaki ilk düşünce hayvani zevk olan bir insan ne fikirlerinde açıktır ne de sistemli planlama yapabilir. Gizli kaynaklarını bulup geliştirememiştir ve herhangi bir girişimde başarısız olacaktır. Düşüncelerine insani şekilde hâkim olmaya başlamamış olduğu için ilişkilerini kontrol edebilecek ve önemli sorumluluklar alabilecek durumda değildir. Bağımsız hareket edebilecek ve tek başına ayakta durabilecek güce sahip değildir. Onu sınırlayan kendi seçtiği düşüncelerdir.

Fedakârlık olmadan ilerleme ya da başarı olamaz. Bir insanın maddi şeylerdeki başarısı, karmaşık hayvani düşüncelerini feda edip planlarını geliştirilebildiği ve kararlılığıyla kendi başına ayakta durabildiği ölçüde mümkündür. Düşüncelerini ne kadar yükseltirse başarıları o kadar büyük ve gerçekleştirdikleri o kadar mutluluk verici ve kalıcı olacaktır.

Bazen yüzeysel olarak öyleymiş gibi görünse de evren aslında açgözlü, sahtekâr ve kötüden yana değildir. Dürüst, yüce gönüllü ve erdemli olana yardım eder. Tüm büyük *öğretmenler* asırlar boyu bunu değişik şekillerde dile getirmişlerdir ve bir insanın bunu kanıtlamak ve bilmek için düşüncelerini yükselterek daha erdemli olmaktan başka çaresi yoktur.

Zihinsel başarılar, hayatın ve doğanın içinde bulunan bilgi ya da güzel ve gerçek arayışını merkezde tutan düşüncenin sonucudur. Bu tür başarılar bazen kibir ve hırsla bağlantılı olabilir, ancak bu özelliklerin birer sonucu değillerdir, uzun ve yorucu çabaların, saf ve bencil olmayan düşüncelerin doğal sonucudurlar.

Ruhsal başarılar kutsal isteklerin gerçekleştirilmesidir. Sürekli asil ve yüce düşüncelerle yaşayan, bencil olmayan ve saf şeylerin üzerinde yoğunlaşan kişi, güneşin tepeye ulaşması ve ayın dolunay olması kadar kesin şekilde karakter bakımından akıllı ve asil olacak, etkileyiciliğe ve kutsanmışlığa yükselecektir.

Her türlü başarıyı taçlandırıp güzelleştiren çaba ve düşüncedir. İnsanı yücelten öz denetim, kararlılık, saflık, dürüstlük ve iyi yönlendirilmiş düşüncedir, alçaltan ise tembellik, kirlilik ve düşünce dağınıklığıdır.

Bir insan dünyada büyük bir başarı elde edebilir, hatta ruhsal âlemde yüce düşüncelere yükselebilir ve kibirli, bencil ve kötü düşüncelere boyun eğerek yeniden güçsüzlük ve sefalet seviyesine gerileyebilir.

Doğru düşünceyle kazanılan zaferleri sürdürebilmek için tetikte olmak temel koşuldur. Çoğu insan başarıya ulaşınca kendisini bırakır ve kısa sürede başarısızlığa teslim olur.

Tüm başarılar, iş, zihin ya da ruh dünyasında olsun, kesin bir şekilde yönlendirilen düşüncenin sonucudur. Hepsi aynı yasayla yönetilir ve aynı yöntemle uygulanır. *Erişilecek amaç* tek farktır.

İnsan ne kadar az şey başarmak isterse o kadar az fedakârlıkta bulunur, ne kadar çok şey başarmak isterse feda edeceği şeyler de o kadar fazladır. Büyük başarılar elde etmek isteyen kişinin büyük fedakârlıklarda bulunması gerekir.

VI

Hayaller ve İdealler

HAYALLER VE İDEALLER

Hayalciler, dünyanın kurtarıcılarıdır. Görünen dünyayı ayakta tutan şey nasıl görünmeyen dünya ise tüm çileleri, günahları ve yasak işlerinde insanları besleyen de münzevi hayalcilerin güzel hayalleridir. İnsanlık tarihinde unutulmaz hayalciler vardır; onların ideallerinin ne sönmesine izin verilir ne de ölmesine. Onlar tarihi içinde yaşatırlar. Tarih de onları bir gün göreceği ve bileceği *gerçekler* olarak kabul eder.

Besteciler, heykeltıraşlar, ressamlar, şairler, ruhani liderler, bilgeler… Dünya, onlar yaşamış oldukları için güzeldir. Onlar olmasa insanlarda çalışma ruhu yok olurdu.

İnsan yüreğinde güzel bir hayal, yüce bir ideal yaşattığı sürece bir gün onu mutlaka gerçekleştirecektir. Kolomb başka bir dünyanın hayalini kurdu ve onu keşfetti. Kopernik çok sayıda dünya ve daha geniş bir evrenin hayalini geliştirdi ve bunu açığa çıkardı. Buda da kusursuz güzellik ve mükemmel huzurdan oluşan ruhsal bir dünyanın hayalini taşıdı ve o dünyaya girmeyi başardı.

Hayallerinizi, ideallerinizi yaşatın. Yüreğinizde çalan müziği, zihninizde biçimlenen güzelliği, en saf düşüncelerinizi içine alan hoşluğu yaşatın. Çünkü tüm hoş durumları, harika ortamı yeşerten onlardır, eğer onlara bağlı kalırsanız dünyanız onlarla inşa edilecektir.

Arzulamak elde etmektir, istemek başarmaktır. İnsanın en kötü arzuları tamamen tatmin edilip en temiz istekleri aç mı bırakılmalıdır? Bu, yasa değildir: Böyle bir durum asla gerçekleşemez, "İstemeli ve almalısınız."

Yüce hayaller kurun. Siz hayal ettikçe hayal ettiğiniz şey olursunuz. Hayaliniz, bir gün olacağınız şeyin vaadidir, idealiniz ise sonunda ortaya çıkaracağınız şeyin kehanetidir.

En büyük başarı bile, ilk başta ve bir süreliğine bir hayaldi. Meşe palamudun içinde uyur, kuş yumurtanın içinde bekler ve bir ruhun en yüce hayalinde bir uyandırma meleği kıpırdanır. Hayaller, gerçeklerin fideleridir.

Koşullarınız uygun olmayabilir, ancak bir idealiniz olduğunda ve ona ulaşmak için büyük gayret gösterdiğinizde durum değişecektir. Bu öyle bir şeydir ki ne içinde hareket edebilirsiniz ne de onsuz ayakta durabilirsiniz. Yoksulluk ve ağır çalışma şartlarından dolayı bitkin bir genç düşünün. Sağlıksız bir atölyede uzun saatler boyunca kapalı kalmaktadır, eğitimsiz ve incelikten yoksundur. Fakat sahip olabileceği daha iyi şeyleri hayal etmektedir. Zekâ, incelik, zarafet ve güzellik hayal etmektedir. Hayatının ideal görüntüsünü düşlemekte ve bunu zihninde inşa etmektedir. Sınırları daha geniş bir özgürlük ve daha büyük bir çevre onu içine alır, huzursuzluk onu eyleme sevk eder ve tüm boş zamanlarıyla imkânlarını gizli kalmış güçlerinin ve kaynaklarının geliştirilmesinde kullanır. Zihni kısa süre içinde o kadar değişir ki atölyeye sığamaz hale gelir. Artık bulunduğu yer düşlediği yerle o kadar uyumsuzdur ki üzerindeki giysi gibi onu da hayatından çıkarır. Ve güçleri büyüdükçe fırsatları artacağı için onu tamamen geride bırakır. Yıllar sonra bu genci yetişkin bir adam olarak görürüz. Zihnini yöneten güçlerin efendisi olmuştur, dünya çapında bir etkiye ve neredeyse eşsiz bir nüfuza sahiptir. Büyük sorumluluklar yüklenmiştir, konuşmaları ve yaşantısı değişmiştir, erkekler ve kadınlar onun sözlerini alıp karakterlerini yeniden biçimlendirmektedirler ve tıpkı güneş gibi, çevresinde sayısız kaderin döndüğü sabit ve parlak bir merkez haline gelmiştir. O artık gençlik hayalini gerçekleştirmiştir. İdealiyle bütünleşmiştir.

Ve siz de ister kötü, ister güzel, isterse her ikisinin bir karışımı olsun, yüreğinizdeki hayali (sadece isteği değil) gerçekleştireceksiniz, çünkü her zaman içten içe en fazla sevdiğiniz şeye yöneleceksiniz. Düşüncelerinizden tam sonuç elde edeceksiniz. Kazandığınız şeyi alacaksınız, ne az ne fazla. İçinde bulunduğunuz ortam nasıl olursa olsun, düşüncelerinizle, hayalinizle, idealinizle düşecek, olduğunuz yerde kalacak ya da yükseleceksiniz. Üzerinizde denetim sağlayan arzunuz kadar küçülecek, hâkimiyet kuran isteğiniz kadar büyüyeceksiniz. Stanton Kirkham Davis'in şu güzel sözlerinden de anlaşılacağı gibi, "Muhasebe işleriyle uğraştığınızı düşünün; şu an bir süre öncesine kadar ideallerinizi gerçekleştirmede size engel gibi görünen kapıdan dışarı adımınızı atıyor, kendinize – hâlâ kulağınızın arkasına yerleştirdiğiniz kalem ve parmaklarınızdaki mürekkep izleriyle – izin vererek bir seyirciyi karşınıza alıp ilham selinizi boşaltıyorsunuz. Koyun güden bir çoban olduğunuzu düşünün; şehir çobanı olma hayaliyle yanıp tutuşuyorsunuz, ruhunuzun cesur teşvikleriyle ustanızın yanına gidiyorsunuz ve o da bir süre durup size şöyle diyor, 'Sana daha fazla öğretebileceğim bir şey yok.' Bir süredir koyun güderken daha iyi şeylere sahip olmayı hayal eden siz, şimdi bir usta oldunuz."

Bir şeyin aslını değil, yalnızca görünen etkilerini arayan düşüncesiz, cahil ve tembel kişiler uğur, talih ve şanstan söz ederler. Zengin olan bir insan gördüklerinde, "Ne kadar şanslı!" derler. Zekâsını geliştiren birisini gözlemleyip,

"Her şey ne kadar lehinde!" diye hayret ederler. Ve başka birisinin ne kadar ulvi bir karaktere ve geniş nüfuza sahip olduğunu görüp, "Nasıl da şans ona yardım ediyor!" derler. Bu insanların tecrübe kazanırken karşılaştığı deneme-yanılmaları ve verdikleri mücadeleleri görmezler. Onların nasıl ödün verdiği, korkusuzca çaba gösterdiği, tüm zorlu şartlara rağmen yenilmezi yendiği ve yüreklerindeki hayali gerçekleştirmek için ne kadar sağlam bir inanç taşıdığı konusunda hiçbir fikirleri yoktur. Karanlığı ve ıstırapları bilmezler, yalnızca ışığı ve mutluluğu görüp buna "talih" derler. Uzun ve yorucu yolculuğu önemsemeden, sadece keyifli amacı fark ederler ve buna "iyi talih" derler. Süreci anlamadan, yalnızca sonuca kafa yorarlar ve buna "şans" derler.

İnsanların tüm işlerinde *çabalar* ve *sonuçlar* vardır. Sonucu etkileyen ne ölçüde gayret edildiğidir. Şans değil. Kabiliyetler, güçler, maddi, zihinsel ve ruhsal servetler çabanın meyveleridir; bunlar tamamlanmış düşünceler, başarılmış hedefler, gerçekleştirilmiş hayallerdir.

Aklınızda yücelttiğiniz hayal, yüreğinizde taçlandırdığınız ideal her ne ise, hayatınızı bunlarla inşa eder, bunlar olursunuz.

VI

Dinginlik

DİNGİNLİK

Zihnin sükûneti bilgeliğin en değerli hazinelerinden biridir. Bu, öz denetim sağlama konusundaki uzun ve sabırlı bir gayretin sonucudur. Varlığı, düşünce yasalarına ve işleyişlerine ilişkin sıradan bir bilginin ötesinde olgunlaşmış deneyimlerin bir göstergesidir.

Bir insan, kendisinin düşünceyle evrimleşen bir varlık olduğunu anladığı ölçüde huzur bulur. Çünkü bu bilgi diğer şeylerin de düşüncenin sonucu olarak anlaşılmasını gerektirir ve insan doğru bir anlayış geliştirip nesnelerin içsel ilişkilerinin neden ve sonuçlarla şekillendiğini giderek daha net gördükçe telaşlanmayı, öfkelenmeyi, üzülmeyi ve mutsuz olmayı bırakır. Dengeli, sabit ve dingin olur.

Kendisini nasıl idare edeceğini öğrenmiş olan sakin bir insan, başkalarına nasıl uyum göstereceğini bilir. Buna karşılık olarak karşısındakiler de onun ruhsal gücü önünde saygıyla eğilerek ondan bir şeyler öğrenebileceklerini ve ona güvenebileceklerini hissederler. Bir insan ne kadar sakin olursa başarısı, etkisi ve iyilik yapma gücü o kadar artar. Sıradan bir tüccar bile öz denetimini arttırdıkça ve soğukkanlılığını geliştirdikçe işteki başarısının arttığını görecektir, çünkü insanlar her zaman tavırları son derece ılımlı kişilerle iş yapmayı tercih ederler.

Güçlü, sakin bir insan her zaman sevilir ve saygı görür. Kurak topraklarda gölgeli bir ağaç veya fırtınada korunaklı bir kaya gibidir. Sakin bir kalbi, oturaklı, dengeli bir hayatı kim istemez? Böyle mutluluklara sahip kimseler için yağmur da yağsa, güneş de açsa fark etmez. Değişiklikler onları etkilemeyecektir, çünkü onlar her zaman iyi huylu, dingin ve sakindirler. Dinginlik olarak adlandırdığımız mükemmel karakter dengesi kültürün son dersidir; yaşamın çiçek açışı, ruhun meyve verişidir. Bilgelik kadar değerli, altından bile daha kıymetlidir – som altından bile. Yalnızca para odaklı bir düzen, dingin bir hayatla kıyaslandığında çok önemsiz görünür: "Doğruluk Okyanusu"nda, dalgaların altında, fırtınaların ulaşamayacağı yerde, "Ebedi Sükûnet"te süren bir yaşam!

Kendi hayatlarını çekilmez hale getiren, sert çıkışlarıyla tatlı ve güzel olan her şeyi yıkıp yok eden, karakterlerinin dengesini bozan ve kötü duygulara neden olan ne çok insan tanırız! Asıl mesele, çoğu insanın öz denetim sağlayamadığı için hayatını mahvedip kendi mutluluğunu gölgelemesidir. Hayatımızda dengeli, oturmuş bir karakterin varlığını temsil eden mükemmel özgüvene sahip ne kadar az insanla karşılaşırız!

Evet, insanlık denetimsiz ihtiraslarla kabarır, zapt edilemeyen üzüntülerle karışır, endişe ve şüpheyle sürüklenir. Yalnız bilge insan, kontrollü ve saf düşüncelere sahip insan ruhundaki rüzgâr ve fırtınalara yön vermeyi başarabilir.

Fırtınanın önüne kattığı ruhlar; her nerede ve her ne koşul altında yaşıyorsanız yaşayın, şunu aklınızda tutun: Yaşam okyanusunda mutluluk adaları gülümsüyor ve ideallerinizin güneşli kumsalı sizi bekliyor. Düşüncelerinizin dümenini sıkı tutun. Ruhunuzun derinliklerinde tüm benliğinizi yöneten bir "Usta" yatıyor. Yaptığı tek iş uyumak; onu uyandırın.

Öz denetim, dayanıklılıktır. Doğru düşünce ustalıktır. Sükûnet güçtür. Yüreğinize şunu fısıldayın: "Huzurlu ol. Sakinleş!"

II. KISIM

Başarıya Giden Yol

I

Kötülüğün Dersi

KÖTÜLÜĞÜN DERSİ

Huzursuzluk, acı ve üzüntü yaşamın gölgeleridir. Dünyada kederlenmemiş kalp, dertlerin karanlık sularında sürüklenmemiş zihin, tarife sığmaz bir ıstırap içinde gözyaşlarına boğulmamış göz yoktur. Kalbi kalpten ayıran, karanlıktaki tüm gizli üzüntüleri açığa çıkaran yıkıcı felaketlerin, hastalıkların ve ölümün girmediği ev yoktur. Tüm bunlar öyle ya da böyle güçlü ve görünüşte yok edilemez kötülük ağına takılırlar ve insanın karşısına acı, mutsuzluk ve talihsizlik çıkarırlar.

Kaçma ya da bir şekilde bu gölgeleyici hüznü hafifleme isteğiyle kadınlar ve erkekler sönmeyecek bir mutluluğa erişme ümidi taşıyarak türlü yollara, oyunlara kendilerini kaptırırlar.

Mutluluk kapıyı çaldığı zaman, ruh bir süre tatlı bir güven duyup kötülüğün varlığını unutarak mest olur, ancak hastalık sert yüzünü gösterdiğinde ya da büyük bir üzüntü, aldanış ya da talihsizlik aniden ruhu ele geçirdiğinde düşsel mutluluğun kumaşı da parçalara ayrılır.

Bu yüzden her kişisel zevkin tepesinde Demokles'in acı kılıcı her an düşmeye ve bilgiyle korunmamış ruhu parçalamaya hazır bir şekilde asılı durur.

Bir çocuk adam ya da kadın olmak için sızlanır, kadın ve adam da çocukluğunun masumiyetini kaybettiği için yakınır. Fakir insan etrafını saran sefalet zincirini aşındırır ve zengin insan da genellikle sefalet korkusuyla yaşar ya da mutluluk diye adlandırdığı titrek gölgenin arayışı içinde dünyasını parlatarak aşındırır. Bazen ruh belli bir dini benimseyerek, derin bir felsefe edinerek ya da zihinsel veya sanatsal bir ideal yaratarak güven içinde huzur ve mutluluk bulduğunu sanır. Ancak bazen karşı konulmaz cazibeler dinin yetersiz ya da eksik olduğunu gösterir, teorik felsefe yararsız bir dekor gibi görünür ya da bir esirin yıllarca üzerinde çalıştığı ideal heykel bir an dizlerinin dibinde un ufak hale gelir.

O halde acıdan ya da üzüntüden kaçış mümkün müdür? Kötülük bağları bir şekilde çözülebilir mi? Sürekli mutluluk, kesin başarı ve sonsuz huzur aptalca bir hayal midir? Hayır, elbette bir yol var. Ve şunu kıvançla söyleyebilirim ki kötülük sonsuza dek yok edilebilir. Hastalık, sefalet veya herhangi bir olumsuz durum ya da koşulu kalıcı olarak dondurabileceğiniz bir süreç var; sürekli başarıyı elde edilebileceğiniz, güçlüklere karşı tüm korkuları yenebileceğiniz bir süreç var; aralıksız ve sonsuz huzurla mutluluğu paylaşabileceğiniz ve gerçekleştirebileceğiniz alışkanlıkların var olduğu bir süreç var. Ve bu olağanüstü farkındalığa giden yol *kötülüğün doğasını doğru anlamaktan* geçiyor.

Kötülüğü yadsımak ya da hesaba katmamak yeterli değildir, önemli olan onu anlamaktır. Kötülüğü yok etmek için yalnızca Tanrı'ya dua etmek yetmez, neden orada olduğunu ve size ne tür dersler verdiğini de anlamanız gerekir. Kaygılanmak, öfkelenmek ve etrafınızı saran zincirleri aşındırmak fayda getirmez, neden ve nasıl bu duruma geldiğinizi bilmeniz gerekir. Bu nedenle okuyucu olarak siz kendinizi dışarıdan gözlemleyerek değerlendirmeli ve anlamaya çalışmalısınız. Okulda öğrenim gören itaatsiz bir çocuk olmaya devam etmeli, eğitilmeniz ve mükemmelliğe erişmeniz için konulmuş dersleri sabır ve tevazu ile öğrenmelisiniz. Çünkü doğru bir şekilde anlaşıldığı zaman kötülük evrendeki sınırsız güç ya da ilke değil, insan deneyiminin bir geçiş aşamasıdır, dolayısıyla öğrenmeye istekli herkes için bir öğretmen işlevi görebilir. Kötülük sizin dışınızda gelişen bir şey değildir, bu kalbinizdeki bir deneyimdir. Sabırlı bir şekilde kalbinizi gözlemleyerek ve arındırarak yavaş yavaş kötülüğün doğasını ve kökenini keşfetmeye, böylelikle onun kökünü kurutmaya başlarsınız.

Tüm kötülükler düzeltici ve iyileştiricidir, dolayısıyla süreklilik göstermez. Kaynağını cehaletten alır, nesnelerin gerçek doğası ve ilişkisine dayanır. Cehalet içinde olduğumuz sürece kötülüğün tesiri altında kalırız. Evrende cehaletin neden olmadığı ve eğer hazır ve alacağımız dersi öğrenmeye istekliysek, bizi daha yüksek bilgeliğe götürmeyecek ve daha sonra kaybolmayacak hiçbir kötülük yoktur. Ancak insanlar kötülüğü sürdürmeye eğilimlidirler ve bu yüzden onlar kötülüğün öğreteceği dersi öğrenmeye hazır ve istekli olmadığı sürece o kötülük ortadan kaybolmayacaktır. Her akşam annesiyle birlikte yatağa giden ve kibritle oynamasına izin verilmediği için ağlayan bir çocuk tanıyordum. Çocuk bir gece annesinin gözünden uzak kaldığı bir an, eline kibriti aldı ve kaçınılmaz sonuç gerçekleşti. Çocuk kibritle bir daha asla oynamamaya yemin etti, aptalca bir hareketle itaatsizlik dersini mükemmel bir şekilde öğrenmiş ve yangın çıkacağı bilgisini edinmiş oldu. İşte bu kaza tüm günah ve kötülüklerin doğasını, anlamını ve nihai sonucunu en güzel şekilde örneklemektedir. Nasıl ki çocuk yangının gerçek doğasını acı çekerek tecrübe ettiyse yetişkinler de uğruna gözyaşı döktükleri ve mücadele verdikleri, elde etmek istediklerinde zarar gördükleri nesnelerin gerçek doğasını cehaletleri nedeniyle acı çekerek tecrübe etmektedirler. Aradaki tek fark ise ikinci örnekte cahillik ve kötülük daha derin köklere sahiptir ve üstü örtülüdür.

Daima kötülük karanlıkla ve iyilik ışıkla bağdaştırılır. Bu sembolleştirmede mükemmel bir yorum, gerçeklik gizlidir. Çünkü ışık tüm evreni sarar, karanlık ise küçük bir bedenin sonsuz sayıda ışından birkaçını keserek oluşturduğu salt bir leke ya da gölgedir. Bu yüzden "En İyinin Işığı" tüm evreni saracak derecede pozitif ve hayat veren güçtür. Kişinin kendi oluşturduğu önemsiz bir gölge olan kötülük de yerine ulaşmak için çırpınan aydınlatıcı ışınları keserek durdurur. Gece dünyayı siyah bir palto ile örttüğünde, karanlık ne kadar yoğun olursa olsun, küçük gezegenimizin ancak yarısını kısa bir zaman için karanlıkta bırakır. Oysaki tüm evreni canlı tutan bir ışık hep vardır ve her ruh sabah uyandığında dünyanın aydınlanacağını bilir. O halde üzüntü, acı ve talihsizliğin karanlık gecesi ruhunuza çöktüğü zaman yorgun ve kararsız adımlarla sendeleyeceğinizden ve kendiniz ile neşe ve mutluluğun sonsuz ışığı arasındaki kişisel arzularınızı gölgeleyeceğinizden emin olun. Etrafınızı saran karanlık sizin gölgenizdir, bir başkasının ya da bir başka şeyin değil. Nasıl ki karanlık negatif bir gölgeden başka bir şey değilse, temeli bulunmayan gerçekliğin ulaşabileceği bir nokta ya da barınabileceği bir yer de yoktur. Dolayısıyla içsel karanlık evrimleşmekte olan ve ışığa doğan ruhlar üzerinde eşit derecede negatif bir gölge yaratır.

Kimilerinin "Ama," dediğini duyar gibiyim, "neden kötülüğün karanlığından geçmek zorundayız?" Çünkü cahillikle bunu yapmayı seçmişsinizdir, çünkü böyle yaparak iyiyi ve kötüyü ayırt edebilirsiniz ve karanlığı yaşayarak ışığın ne anlama geldiğini daha iyi kavrayabilirsiniz. Kötülük cehaletin nihai sonucu olduğu için kötülüğün dersini aldığınız zaman cehaletten de kurtulabilirsiniz. Bir çocuk okuldaki derslerini iyi öğrenmezse tecrübe ederek aldığı dersleri öğrenmeyi de kolayca reddedebilir. Dolayısıyla sonsuz bir karanlığa gömülecek ve sürekli olarak hastalık, hayal kırıklığı ve üzüntü biçimlerinde tekrar ve tekrar karşısına çıkan cezaları çekecektir. Bu sebepten insan, üzerine asıldığı kötülük ağacından kendini silkeleyerek öğrenmeye istekli ve hazır olmalı ve bilgeliğin zerresi olmadan sürekli mutluluğun ve huzurun sağlanamayacağı bir disiplin sürecine girmelidir.

Bir insan kendini karanlık bir odaya kilitleyebilir ve ışığın varlığını inkâr edebilir. Ancak ışık her yerdedir ve karanlık yalnızca onun küçük odasındadır. Hakikatin ışığına çıkmak, kendinizi aramak ve etrafınıza ördüğünüz hataları bulmak istiyorsanız mutlak suretle parlak ve sonsuz ışığın sizi aydınlatmasına izin vermelisiniz.

Yalnızca bir teori olarak değil, dürüst bir şekilde kendinizi gözlemleyerek kötülüğün bir geçiş aşaması, bizzat yarattığınız bir gölge olduğunu idrak ederseniz, tüm acılarınızın, üzüntülerinizin ve talihsizliklerinizin değişmez ve kusursuz mükemmellikte bir yasa altında gelişen bir süreç olduğunu, sırf hak ettiğiniz ve gereksindiğiniz için bu süreçten geçtiğinizi kabul ederseniz, sabrederek ve anlayış göstererek daha güçlü, akıllı ve asil olabilirsiniz. Bu farkındalığı tam olarak hissettiğiniz sürece kendi koşullarınızı şekillendirebilecek, tüm kötülükleri iyiliğe dönüştürebilecek ve ustalıkla kendi kaderinizin kumaşını dokuyacak seviyeye erişebilirsiniz.

II

Dünya Düşüncelerin Yansımasıdır

DÜNYA DÜŞÜNCELERİN YANSIMASIDIR

Siz ne iseniz dünyanız da odur. Evrendeki her şey kendi içsel deneyiminize göre biçimlenir. Yokluğunda çok az şey etkilenir, çünkü bu tam olarak kendi bilinçlilik halinizin bir yansımasıdır. İçinde olduğunuz her şeyi etkiler, çünkü yokluğunda hiçbir şey yansımayacak ve dolayısıyla renklenmeyecektir.

Kesin olarak bildiğiniz her şey kendi deneyiminiz içindedir, bilebileceğiniz her şey deneyimin kapısından geçmeli ve sizin bir parçanız olmadır.

Kendi düşünceleriniz, arzularınız ve istekleriniz dünyanızı oluşturur ve size göre güzellik, neşe ve mutluluk evrenindeki her şey ya da çirkinlik, üzüntü ve acı evrenindeki her şey de kendi içinizdedir. Kendi düşüncelerinizle yaşamınızı, dünyanızı, evreninizi yaratır ya da yıkarsınız. Düşünce gücüyle kendi içinizdekini yaratırken dış dünyanız ve koşullarınız da ona göre şekillenecektir. Kalbinizin en gizli odacıklarında beslediğiniz kötü düşünceler er ya da geç kaçınılmaz tepki kanunuyla dış dünyanızda kendine yer bulacaktır. Kirli, kötü ve bencil ruh şaşmaz bir kesinlikle talihsizliği ve felaketi kendine çeker, temiz, bencil olmayan ve asil ruh ise aynı kesinlikle mutluluğu ve başarıları kendine çeker. Her ruh kendinden olanı çeker ve ona ait olmayan hiçbir şey ona gelmez. Bunu idrak etmek için "İlahi Yasa"yı tanımak gerekir. Her insanın yaşamındaki hem yapıcı hem de yıkıcı olaylar kendi içsel düşünce dünyasının niteliği ve gücüyle ortaya çıkar. Her ruh deneyimlerin ve düşüncelerin bir araya gelerek oluşturduğu karmaşık bir birleşimdir ve beden bunun gerçekleşmesini sağlayan doğal bir araç işlevi görür. Dolayısıyla düşünceleriniz ne ise gerçek benliğiniz de odur. Çevrenizdeki hem canlı hem de cansız dünya düşüncelerinizin biçim verdiği giysiyi giyer. İnsan eğer mutlu ise bunun nedeni mutluluk veren düşünceleri izlemesidir, sefil ise bunun nedeni karamsar ve zayıf düşünceleri izlemesidir. Korkak ya da korkusuz, aptal ya da akıllı, tedirgin ya da dingin olsun, her ruh kendi halinin ve hallerinin kaynağında yaşar ve asla onlarsız yapamaz. Şimdi de hepinizin birden, "Dış koşulların zihnimizi etkilemediğini mi söylemeye çalışıyorsunuz?" dediğini duyar gibiyim. Kastettiğim bu değil. Asıl söylemek istediğim ve şaşmaz gerçekliğine inandığım şey, *koşulların siz buna izin verdiğiniz sürece sizi etkileyebilecek olmasıdır.* Koşulların etkisi altına girersiniz çünkü düşüncenin doğasını, amacını ve gücünü doğru bir şekilde anlamamışsınızdır. Dış koşul ya da nesnelerin hayatınızın yapıcı ve yıkıcı gücüne sahip olduğuna inanırsınız (aslında tüm üzüntülerimiz ve neşemiz önemsiz gibi görünen *inanç* kelimesine bağlıdır) ve böylelikle dış koşul ya da nesnelere teslim olur, kendinizin köle ve onların koşulsuz efendi olduğunu kabul edersiniz. Dolayısıyla onlara kendilerinin sahip olmadıkları bir güçle yatırım yapar ve gerçekte salt koşullara değil, düşünce kürenizin sizin için biçimlendirdiği sıkıntıya ya da memnuniyete, korkuya ya da umuda, güce ya da güçsüzlüğe boyun eğersiniz.

Genç yaşta güç bela kazanmış oldukları birikimleri kaybeden iki insan tanıyordum. Biri oldukça sıkıntı çekiyordu ve kendini kedere, endişeye ve umutsuzluğa kaptırmıştı. Diğeri bir sabah gazetesini okurken parasını yatırmış olduğu bankanın battığı haberiyle karşılaştığında çaresizce her şeyini kaybetmiş olduğunu kabullendi, sessiz ve net bir şekilde kendi kendine şöyle dedi: "Pekâlâ, olan oldu. Dertlenip tasalanmanın bir faydası yok. Daha çok çalışıp bu açığı kapatabilirim." Enerjisini toplayıp işinin başına döndü ve kısa sürede kaybettiğini telafi etti. Bir önceki ise kaybettiği para için sızlanarak bunun "kötü şans" olduğundan yakınıyordu, kendi zayıf ve kör düşüncelerinin gerçekliğine rağmen zıt koşulların onu tuzağa düşürdüğüne inanmıştı. Para kaybı biri için musibetti çünkü o bu olayın üzerini karanlık ve muğlak düşünceleriyle örtüyordu, diğeri için ise bir lütuftu çünkü o, bu olayın etrafını güç, umut ve yenilenmiş çaba ile çevrelemişti.

Eğer koşullar lütufta bulunacak ya da zarar getirecek güce sahip olsaydı herkese eşit derecede lütufta bulunur ya da zarar getirirdi. Ancak aynı koşulun farklı ruhlar için iyi ve kötü anlam ifade etmesi, iyi ya da kötünün koşula göre değişmeyip yalnızca kişinin zihninde biçimlendiği gerçeğini kanıtlamaktadır. Bunu idrak ettiğiniz takdirde düşüncelerinizi denetlemeye, zihninizde kontrol ve disiplin sağlamaya ve tüm gereksiz ve yüzeysel bilgilerden kurtulup neşe ve dinginlik, güç ve hayat, tutku ve aşk, güzellik ve ölümsüzlük düşünceleriyle biçimlenerek ruhunuzun iç yapısını yeniden inşa etmeye başlarsınız. Böylece neşeli ve dingin, güçlü ve sağlıklı, tutkulu ve sevgi dolu olursunuz.

Nasıl ki olayların üzerini kendi düşüncelerimizin kumaşıyla giydiriyorsak, birinin uyumlu ve güzeli görürken, diğerinin tiksindirici çirkinliği gördüğü maddi dünyanın nesnelerini de aynı şekilde giydiririz.

Hevesli bir doğa bilimci bir gün keşif için köyde yürüyüşe çıkmıştı, patikada ilerlerken çiftlik avlusunun yanı başındaki acı su kaynağı ile karşılaştı. Daha sonra mikroskop altında incelemek üzere küçük bir şişeye göletten su doldurmaya çalışırken gayriihtiyari hevesle kendini kaptırdığı sırada, suyun içindeki gizli ve sayısız harikadan habersiz saban işçisinin önünde dikildiğini görerek şöyle dedi, "Evet, dostum, bu havuzun içinde yüz, hayır, hayır, milyon tane evren var, ancak onları anlayacak algıya ya da araca sahip değiliz." Beriki saf, donuk bir şekilde şöyle karşılık verdi, "Suyun larvalarla dolu olduğunu biliyorum ama onları yakalamak kolaydır."

Zihni doğal gerçekler bilgisiyle dolu olan doğa bilimci güzelliği, uyumu ve gizli cenneti görüyordu ama bu şeyler konusunda aydınlanmamış olan zihnin gördüğü şey iğrenç, kirli bir su birikintisiydi. Yoldan geçen bir insanın düşüncesizce çiğneyebileceği vahşi çiçek, şairin spiritüel gözlerine maddeler dünyasından ilahi bir mesaj gibi görünür. Çoğu insana göre okyanus, gemilerin üzerinde yüzdüğü ve bazen de battığı suyun kasvetli bir kanat genişliğinden başka bir şey değildir; bir müzisyen içinse bu, dalgaları ve ilahi uyumuyla yaşayan bir şeydir. Sıradan bir zihnin felaket ve düzensizlik olarak algıladığı şeyi filozof zihni neden ve sonucun en mükemmel zinciri olarak algılar. Materyalist birinin sonsuz ölüm olarak gördüğü şeyi ise mistik bir kimse titreşimli ve ebedi hayat olarak görür.

Nasıl ki olayların ve nesnelerin üzerine kendi düşüncelerimizin kumaşını giydiriyorsak, başkalarının ruhlarına da düşüncelerimizin kumaşını giydiririz. Şüpheci herkesin şüpheli olduğuna inanır, yalancı doğru sözlü kimsenin olabileceği fenomenine inanacak kadar aptal olmadığını hisseder, cimri herkesin parasında gözü olduğunu düşünür, servetini oluştururken bilincini arka planda tutup yastığının altında bir tabanca ile uyur ve dünyanın onu soymak isteyen bilinçsiz insanlarla dolu olduğu saplantısıyla yaşar, uçarı bir şehvet düşkünü bir azize münafık gözüyle bakar. Diğer taraftan sevgiye dair düşüncelerle beslenen kimse sevgi ve sempati yaratan her şeyi görür, güvenilir ve dürüst kimse şüpheleri üzerine çekmez, başkalarının iyi talihinden mutlu olan iyi huylu ve yardımsever kimse kıskançlık nedir bilmez ve ilahi gücü kendi içinde hisseden kimse hayvanlar dahil diğer tüm varlıklarda bunu fark eder. Kadınlar ve erkekler zihinsel görünümlerinde kendilerini kabul ettirirler çünkü neden-sonuç yasasına göre etkiledikleri şeyleri kendilerine çekerler ve aynı şekilde kendilerine benzer insanlarla temas kurarlar. "Tencere yuvarlanmış kapağını bulmuş" deyişi genel olarak düşünüldüğünden daha derin bir anlam ifade etmektedir çünkü düşünce dünyasında, tıpkı maddeler dünyasında olduğu gibi her şey kendi benzeriyle etkileşim içindedir.

Kibar davranılmasını mı istiyorsun? Kibar ol.
Gerçeği öğrenmek mi istiyorsun? Dürüst ol.
Ne ekersen onu biçersin;
Dünyan yansımandır senin.

Dua eden, öteki âlemde mutlu bir yaşamın hayalini kuran biriyseniz işte sizi memnun edecek bir haber: Mutlu bir dünyaya şu an girebilir ve onu yaşayabilirsiniz, tüm evreni saran bu dünya kendi içinizde, sizin onu bulmanızı, tanımanızı ve sahiplenmenizi bekliyor. Var oluşun iç yasalarını bilen biri şöyle demiştir: "İnsanlar şurada ya da burada söylemek zorunda kaldıkları şeylerin peşinden gittikleri sürece Tanrı'nın krallığı içlerindedir." Yapmak zorunda olduğunuz şeye inanmalısınız, şüpheyle gölgelenmemiş bir zihinle inanmalısınız ve sonra onu anlayıncaya kadar üzerinde düşünmelisiniz. İşte o zaman arınmaya ve iç dünyanızı yaratmaya başlarsınız. Daha çok anlayış ve farkındalıkla ilerleme kaydettikçe, kendi kendini yöneten ruhun büyülü potansiyeliyle açığa çıkan dış faktörlerdeki güçsüzlükleri de keşfedersiniz.

III

İstenmeyen Koşullardan Kurtulmanın Yolu

İSTENMEYEN KOŞULLARDAN KURTULMANIN YOLU

Kötülüğün kişi tarafından yönlendirilerek "Yüce Form-dan Sonsuz İyi"ye doğru bir geçiş gölgesinden ibaret olduğunu ve dünyanın herkeste kendi yansımasını oluşturduğunu deneyimle öğrendikten ve kavradıktan sonra, artık adım adım "Yasa Görüşü"nü deneyimle öğrenebilecek ve kavrayabilecek seviyeye ulaşabiliriz. Bu algı, her şeyin neden-sonuç arasındaki sonsuz bir etkileşimle gerçekleştiği ve hiçbir şeyin yasadan ayrı düşünülemeyeceği bilgisini de beraberinde getirir. İnsana ait olan en önemsiz düşünce, söz ya da eylemden kutsal bedenlerin gruplamasına kadar her şeyde yasa birincil önem taşır. Rastgele hiçbir koşul bir dakika bile var olamaz çünkü böyle bir koşul yasanın reddi ve iptali anlamına gelir. Dolayısıyla hayattaki her koşul sistemli ve uyumlu bir düzen içerisinde birbirine bağlıdır ve her koşulun gizemi ve kaynağı kendi içinde saklıdır. "Bir insan ne ekerse onu biçer" yasası "Sonsuzluk" kapısının üzerinde alevli harflerle yazılı durmaktadır ve hiç kimse bunu inkâr edemez, değiştiremez ve aklından çıkaramaz. Kim elini ateşe koyarsa yangın sönene kadar yanmaya devam eder ve ne bir lanet ne de dua bu gerçeği değiştiremez. Ve zihinsel evreni yöneten de aynı yasadır. Nefret, öfke, kıskançlık, haset, şehvet, açgözlülük, tüm bunlar alev alan yangınlardır. Ve kim onlara ne kadar dokunursa yangının şiddetini o denli hisseder. Bu tür zihinsel durumlar en doğru tabirle "kötülük" olarak adlandırılır, çünkü bunlar cehalete kapılan ruhun yıkıcı çabalarıdır ve dolayısıyla kendi içinde kaos ve karmaşaya yol açar ve er ya da geç hastalık, başarısızlık ve talihsizlik gibi dış koşullarda acı, keder ve üzüntü ile birleşerek kendini gösterir. Oysaki ruh ancak sevgi, incelik, iyi niyet, saflık arayışındayken nefes alabilir. Bunlar "Sonsuz Yasa" ile uyum içinde olduklarından, sağlık, huzur dolu bir çevre ve şaşmaz doğrultuda başarı ve iyi talih gibi koşullarda kendini gösterir.

Tüm evreni içine alan bu "Büyük Yasa"nın anlaşılması *itaat* olarak bilinen zihinsel durumun tecrübe edilmesini sağlar. Adalet, uyum ve sevginin evrendeki en yüce güçler olduğunu bilmek tüm zıt ve acı koşulların bu "Yasa"ya itaatsizliğimizin bir sonucu olduğunu bilmekle eşanlamlıdır. Böyle bir bilgi güç ve dayanıklılık sağlar ve dürüst hayat, sonsuz başarı ve mutluluk yalnızca bu bilgi üzerine kurulabilir. Her şart altında sabırlı olmak ve tüm koşulları eğitiminiz için gerekli etmenler olarak kabul etmek, tüm acı koşullara rağmen yükselmenizi ve onları bir daha karşılaşmamak üzere tüm korkulardan sıyrılıp kesin bir zaferle yenmenizi sağlar çünkü yasaya itaat etmenin gücüyle ebediyen yok olacaklardır. İtaat eden biri yasayla uyum içinde yaşar ve elde ettiği şeyleri sonsuza dek elinde tutar ve inşa ettiği şeyler asla yıkılmaz.

Tüm güçsüzlüklerin olduğu gibi, tüm güçlerin de kaynağı kendi içindedir, aynı şekilde tüm çaresizliklerin olduğu gibi, tüm mutlulukların gizemi de kendi içindedir. Onları çözmeden herhangi bir aşama kaydedilemez ve bilginin ışığında sistemli bir gelişme göstermeden başarı ya da huzura erişmek mümkün olmaz.

Koşulların sizi zincirlediğini söyleyebilir, daha iyi fırsatlar, daha geniş bir hareket alanı, daha gelişmiş fiziksel koşullar için yakınabilirsiniz. Bu yazdıklarım sizin için, bu sözlerim size. Dinleyin ve sözlerimin kalbinizi yakmasına izin verin çünkü size söyleyeceklerim hakikattir: *Değişmez bir şekilde iç dünyanızı iyileştirmeye karar verirseniz arzu ettiğiniz dış dünyadaki iyileştirilmiş koşulu yaratabilirsiniz.* Bu yolun başlangıçta kıraç göründüğünü biliyorum (gerçek her zaman öyledir, ilk görüşte davetkâr ve büyüleyici olan şey tümden hatalı ve yanıltıcıdır), ancak eğer yürümeyi göze alırsanız, güçsüzlüğünüzü yok edip ruhsal enerjilerinizin ve spiritüel güçlerinizin kendi kendilerini çözümlemesine izin vererek sebatkâr bir şekilde zihninizi disipline sokarsanız dış dünyanızda gerçekleşebilecek mucizevi değişiklikler karşısında şaşkınlığa uğrayabilirsiniz. Gelişme kaydettikçe altın fırsatlar yolunuza serilecek ve onları en doğru şekilde kullanabileceğiniz güç ve yargı içinize doğacaktır. Güler yüzlü arkadaşlarla kendiliğinden karşılaşacak, uyumlu ruhları mıknatıs gibi kendinize çekecek ve gereksinim duyduğunuz tüm kitapları ve dış dünyadan gelebilecek yardımları beklemediğiniz zamanda alacaksınız.

Belki de ağır yoksulluk zincirleri etrafınızı sıkıca sarmış durumda. Hiç arkadaşınız yok ve yapayalnızsınız. Yükünüzün hafifleyeceği günü iple çekiyorsunuz ve yükünüz hiç değişmiyor, giderek artan bir karanlığın içine sürükleniyor gibisiniz. Belki de talihinize yakınıp sızlanıyorsunuz, doğduğunuz günü, anne ve babanızı, patronunuzu ya da bir başkasına zenginlik ve rahatlık verirken sizin üzerinize yoksulluğu ve sıkıntıları haksız bir şekilde yükleyen adaletsiz "Güçler"i suçluyorsunuz. Şikâyet etmeyi ve kaygılanmayı bırakın, suçladığınız hiçbir şey yoksulluğunuza neden değildir. Nedenini kendi içinizde arayın. Nedenin olduğu yerde çözüm de vardır. Ancak sizin şikâyetçi bir yapıda olmanız yükünüzü hak ettiğinizi gösterir, tüm çabaların ve gelişimin temeli olan inanca sahip olmadığınızı gösterir. Yasalar evreninde şikâyetçilere yer yoktur ve endişe bir nevi ruh intiharıdır. Zihinsel tavrınızla etrafınızı saran zincirleri güçlendiriyor ve üzerinize karanlığı çekiyorsunuz. Hayata bakışınızı değiştirirseniz dış dünyanız da ona göre şekillenecektir. Kendinizi inanç ve bilgiyle yüceltin ve kendinize değer daha iyi çevre ve daha geniş fırsatlar yaratın. Her şeyden önce elinizde olanın en iyisini yaptığınızdan emin olun. Küçük avantajları görmezden gelerek büyük avantajları elde etmeniz gerektiği yanılgısına kapılmayın. Çünkü bunu yapsanız bile, avantajınız kısa süreli olacaktır ve ihmal ettiğiniz dersi öğrenmek için hemen geri adım atmanız gerekecektir. Nasıl ki bir çocuk okulda önce önündeki "Standardı" öğreniyor ve daha sonra diğerine geçiyorsa, siz de arzu ettiğiniz daha iyi olana ulaşmadan önce tam olarak sahip olduklarınız üzerinde çalışmalısınız. Yetenek meselleri bu gerçeği kanıtlayabilecek güzel bir hikâye örneğidir çünkü sahip olduğumuz şeyleri kötüye kullanır, ihmal eder ve küçümsersek, bırakın kötü ve önemsiz olmasını, bize ait olduğunu bile belli etmeyecektir, zira biz de davranışımızla zaten ona değmeyeceğimizi belli etmekteyiz.

Belki de küçük bir kulübede yaşıyorsunuz ve etrafınız sağlıksız ve kötücül etkilerle çevrelenmiş durumda. Daha geniş ve daha sağlıklı bir yerde oturmayı arzuluyorsunuz. O halde öncelikle kulübenizi olabildiğince küçük bir cennet haline getirerek kendinizi buna adapte etmelisiniz. Evinizin her bir köşesini tertemiz tutun. Kısıtlı imkânlarınızla bu evi güzel ve yaşanabilir bir hale getirin. Katıksız yemeğinizi pişirirken büyük özen gösterin ve mütevazı sofranızı elinizden geldiğince zevkli hazırlayın. Eğer halı döşemeye gücünüz yetmiyorsa odalarınıza gülümsemeler ve hoş karşılamalar serin ve bunların üzerine sabır çekiciyle nazik sözler çivileyin. Böyle bir halı güneşte dahi solmayacak ve uzun süre eskimeden kalabilecektir.

Bulunduğunuz çevreyi yücelterek kendinizi yüceltirsiniz. Onlara ihtiyacınız sürerken, doğru zamanda beklediğiniz ve kendinizi ona göre ayarladığınız daha iyi bir eve ve çevreye kavuşursunuz.

Belki de düşünce ve çaba için daha fazla zamana ihtiyacınız olduğunu hissediyor ve iş saatlerinizin çok uzun ve yorucu olduğunu düşünüyorsunuz. O halde önünüzdeki kısıtlı zamanı en mümkün ölçüde ne kadar iyi kullandığınıza bakın. Eğer elinizdeki zamanı zaten iyi kullanamayacak kadar umarsız ve üşengeçseniz daha fazlasını istemek yararsız olacaktır.

Yoksulluk, zaman darlığı ve boş vakit sandığınız gibi kötü şeyler olmayabilir. Gelişiminizi engelliyorsa bunun nedeni onları güçsüzlüğünüzle giydirmiş olmanızdır ve onlarda gördüğünüz kötülük de gerçekte kendi içinizdedir. Her yönüyle ve kesin olarak şu ana dek zihninizi kalıba döküp şekillendirirken kaderinizin yaratıcısı olduğunuzu idrak etmek için çabalayın ve giderek daha iyi idrak ettiğiniz öz disiplin gücünü dönüştürdüğünüz takdirde ve sürece, bu sözde kötülüklerin lütuflara dönüşebileceğini fark edeceksiniz. Yoksulluğunuzu sabır, umut ve cesaret için, zaman darlığınızı size kendilerini sunan en değerli dakikaları yakalayarak hızlı eylem ve zihinsel kararlarınız için kullanacaksınız. En verimli toprakta açan çiçek en güzel çiçektir, aynı şekilde yoksulluğun karanlığında gelişen ve filizlenenler de insanlığın en seçkin çiçekleridir. Aşılacak zorlukların ve üstesinden gelinecek tatmin edici olmayan koşulların olduğu yerde erdem gelişir ve görkemini belli eder.

Acımasız bir kadın ya da erkek şefin buyruğu altında çalışıyor ve kötü muamele gördüğünüzü hissediyor olabilirsiniz. Bunu da eğitiminizin bir parçası olarak görün. İşvereninizin kabalığını kibarlıkla ve yatıştırma eğilimiyle karşılayın. Daima sabır gösterin ve kendinizi kontrol edin. Dezavantajınızı zihinsel ve spiritüel güç kazanmak için avantaja dönüştürün. Dolaylı olarak işvereninize öğrettiğiniz gizli örnek davranışınız ve etkinizle onun kendi davranışından utanmasını sağlayabilir ve aynı zamanda size sunulan yeni ve daha uygun çevreye adım atabileceğiniz spiritüel erginlik seviyesine ulaşabilirsiniz. Köle olduğunuz için yakınmayın, yerine kendinizi asil davranışlarla kölelikten üst mertebeye yüceltin. Bir başkasına köle olduğunuz için yakınmadan önce, satılığa çıkmış bir köle olmadığınızdan emin olun. Kendinize bakın, arayan gözlerle bakın ve kendinizi acındırmayın. Kazara orada tutsak düşünceler, tutsak arzular, günlük yaşamınızda ve davranışınızda tutsak alışkanlıklar bulabilirsiniz. Bunları yenin ve sizi köle etmesine izin vermeyin. Hiç kimsenin sizi esir almaya hakkı yok. Kendinizi yenerseniz tüm zıt koşulları da yenersiniz ve hiçbir zorlukla karşılaşmazsınız.

Zenginler tarafından zulüm gördüğünüz için şikâyet etmeyin. Zenginliğe kavuşsanız kendinize zulmetmeyeceğinizden ne kadar emin olabilirsiniz? Kesin bir şekilde adil olanın "Sonsuz Yasa" olduğunu ve bugün zulmedenin yarın zulüm göreceğini ve bundan kaçış olmadığını hatırlayın. Ve belki de siz dün zengin ve zalimdiniz ve şimdi "Büyük Yasa"ya borçlu olduğunuz cezanın acısını çekiyorsunuz. Dolayısıyla eylem, metanet ve inanç birbirini izler. Daima zihinde "Sonsuz Adalet," "Sonsuz İyiliğe" yer açın. Kendinizi yüceltmeye çabalayın ve geçici şeyleri kendinizden uzak kılın ve sürekliliğe taşıyın. Bir başkasının sizi yaraladığı ve zulmettiği yanılgısından kurtulun ve iç dünyanıza yönelik derin kavrayış ve hayatı yöneten yasa ile gerçekte sadece kendi içinizde yaralanabileceğinizi anlamaya çalışın. *Kendine acımaktan* daha aşağılayıcı, küçültücü ve ruhsal çöküntüye neden olan bir başka eylem yoktur. Bundan kurtulun. Böyle bir yara kalbinize yerleştiği sürece daha iyi bir hayata kavuşmayı bekleyemezsiniz.

Başkalarının sizinle ilgili hüküm vermesine son verip kendi kendinizi yargılamaya başlayın. Kusursuz arınma ile karşılaştırılamayan ya da günahsız iyiliğin ışığını sürekli kılmayan eylemlerinizi, arzularınızı ya da düşüncelerinizi yargılamayın. Böylelikle evinizi "Sonsuzluk" kayasının üzerine inşa edersiniz, mutluluk ve rahatlık için gerekli olan her şey de size kendiliğinden gelir.

Yoksulluğu ya da istenmeyen koşulu kalıcı olarak aşmak için kendi içindeki yansımalar olan ve süreklilik arz eden bencil ve olumsuz koşulları yok etmekten başka hiçbir pozitif yol yoktur. Doğru zenginliğe giden yol erdem kazanımlarıyla ruhu zenginleştirmekten geçer. Gerçek kalp doğruluğunun olmadığı yerde ne başarı ne de güç hüküm sürebilir, yalnızca bunların görüntüleri vardır. Hiçbir erdem kazanmamış ve kazanmaya da niyeti olmadığı halde para elde eden insanlar olduğunu biliyorum, ama bu paralar zenginlik getirmez ve telaşa neden olduğu gibi geçicidir de. Davut şöyle demiştir: "Çünkü ben günahkârın başarısını gördüğümde aptalca bir kıskançlığa kapıldım... Gözleri kocaman açıldı; bir kalbin dileyebileceğinden daha fazlasına sahipti... Doğrusu kalbimi boşuna temizlemiş ve ellerimi saflıkla yıkamışım... Bunun benim için ne kadar acı verici olduğunu düşünüyordum, ta ki Tanrı'nın katına ulaşıncaya dek, sonra amaçlarını anladım."

Günahkârın başarısı ancak Tanrı katına ulaşabildikten sonra *onların amaçlarını bilen* Davut için iyi bir sınav oldu. Siz de aynı şekilde bu kata ulaşabilirsiniz. Bu güç kendi içinizde. Ancak bu, olumsuz, kişisel ve süreksiz olan her şey yükseldiği ve evrensel ve sonsuz ilkeler idrak edildiği zaman süren bir bilinçlilik halidir. Tanrı katında bir bilinçlilik halidir; "En Yüce"nin katında. Uzun çaba ve öz disiplinle kutsal "Tapınak"tan geçmeyi başardığınızda açık görüşlülükle bütün insan düşüncelerinin ve çabalarının amacını ve meyvesini, iyiyi ve kötüyü algılarsınız. İşte o zaman dış dünyanın zenginliklerini biriktiren erdemsiz bir adam gördüğünüzde inancınızda bir zayıflama olmaz çünkü tekrar yoksulluğa ve sefalete düşeceğini *bilirsiniz.* Erdem yoksunu bir insan gerçekte fakirdir ve nehrin sularının okyanusa akması gibi, o da zenginlikten içindeki yoksulluğa ve talihsizliğe sürüklenir, zengin olarak ölse bile, yine de erdemsizliğinin acı meyvesini tadacaktır. Birçok kere zengin olsa bile, birçok kere yoksulluğa düşecektir, ta ki uzun deneyimler yaşayarak ve acılar çekerek içindeki yoksulluğu yeninceye dek. Öte yandan dış dünyasında fakir ama erdem açısından zengin olan gerçekte de zengindir. Kesinlikle yoksulluktan sıyrılıp başarıya ulaşacak ve onu bekleyen neşe ve mutluluğa kavuşacaktır.

Eğer gerçekten ve kalıcı olarak başarılı olmak istiyorsanız öncelikle erdemli olmalısınız. Bu nedenle doğrudan başarıyı hedeflemek, bunu hayatın amacı haline getirmek ve açgözlülükle onu elde etmeye çalışmak akılsızca olur. Böyle yaparak kendinizi yenilgiye uğratırsınız. Bunun yerine kendi mükemmelliğinizi amaçlayın, yararlı ve özverili çabanızı hayatınızın merkezine koyun ve daima inanç kollarınızı yüce ve değişmez olan "İyi"ye doğru uzatın.

Serveti KENDİ adınıza değil, onunla iyi şeyler yapmak ve başkalarını mutlu etmek için istediğinizi söylüyorsunuz. Eğer bu, servet sahibi olmak için sizi *gerçekte* motive eden şeyse o zaman servet sizi bulur çünkü aslında güçlü ve cömertsiniz, zenginliğinizin efendisi değil, hizmetkârı olmak istiyorsunuz. Ancak sizi motive eden şeyi dikkatlice değerlendirin çünkü parayı başkalarının mutluluğu için kullanmak isteyenlerin çoğunda popüler olma isteği ve hayırsever ya da reformcu gibi görünme arzusu vardır. Elinizdeki az şeyi iyi amaçlar için kullanmayan biriyseniz ne kadar paranız olursa o kadar bencil olmanız kaçınılmazdır ve eğer yapmaya giriştiyseniz yapıyor gibi göründüğünüz her iyi şey dolaylı olarak kendinizi övmekten başka bir anlam ifade etmeyecektir.

Eğer gerçek amacınız iyi şeyler yapmaksa bunun için para beklemenize gerek yok, bunu bulunduğunuz yerde şu an, şu dakika bile yapabilirsiniz. Düşündüğünüz kadar bencil değilseniz bunu şimdi kendinizi başkaları için feda ederek gösterebilirsiniz. Ne kadar fakir olursanız olun, kendinizi feda etmenin bir yolu elbette vardır. Gerçekten iyi şeyler yapmak isteyen bir yürek bunu yapmak için paranın gelmesini beklemez, fedakârlığın mihrabına çıkıp benliğinin değersiz unsurlarını orada bırakarak dost ya da düşman olsun, komşusunun veya bir yabancının üzerine nefesini verir, kutsanmışlık nefesini.

Nasıl ki neden ve sonuç birbiriyle ilişkiliyse aynı şekilde dış dünyanın iyiliklerine dair başarı ve güç, iç dünyanın kötülüklerine dair yoksulluk ve güçsüzlük de birbiriyle ilişkilidir.

Para ile ne gerçek servet, ne mevki, ne de güç satın alınabilir. Yalnızca paraya güvenmek kaygan bir zeminde yürümek gibidir.

Gerçek servetiniz erdem deponuzdur ve gerçek gücünüz onu neyle doldurduğunuza bağlıdır. Yüreğinizi saflaştırın, hayatınızın da saflaştığını göreceksiniz. Şehvet, nefret, öfke, kibir, gurur, açgözlülük, kendi zevk ve rahatlığına düşkünlük, yalnız kendi çıkarını gözetme, inatçılık – tüm bunlar yoksulluk ve güçsüzlük demektir, diğer yandan sevgi, saflık, incelik, mütavazılık, sabır, tutku, cömertlik, kendini unutma, kendini feda etme – tüm bunlar servet ve güç anlamına gelir.

Yoksulluğun ve güçsüzlüğün zorluklarını yendiğiniz sürece, karşı konulmaz ve muzaffer güç içinize doğar, kendini en yüce erdemle var etmeyi başaran bir insanın tüm dünya ayaklarının önüne serilir.

Ancak fakirler kadar zenginler de istenmeyen koşullarla karşılaşabilir ve sıklıkla fakirlerden daha fazla mutluluğa uzaktırlar. Biz burada mutluluğun aslında dış dünyamızda değil, iç dünyamızdaki yardımlara ve sahipliklere bağlı olduğunu görüyoruz. Belki de siz bir işverensiniz ve çalışanlarınızla bitmek bilmeyen sorunlar yaşıyorsunuz; işe aldığınız iyi ve sadık çalışanlar da sizi kısa sürede yüz üstü bırakıyor. Sonuç olarak kaybetmeye başlıyorsunuz ya da tabii olarak inancınızı tamamen kaybediyorsunuz. Daha iyi maaşlar vererek ve birtakım özgürlükler tanıyarak sorunlara çare bulmaya çalışıyorsunuz, ancak yine de durum değişmiyor. Size şunu tavsiye ediyorum. Sorunlarınızın kaynağı hizmetkârlarınızda değil, *kendi içinizdedir.* Alçakgönüllü ve samimi bir istekle hatanızı keşfetmek ve düzeltmek için kendi içinize bakarsanız er ya da geç mutsuzluğunuzun kaynağını da bulursunuz. Siz bunu tavırlarınıza ya da konuşmanıza yansıtmayabilirsiniz ama zehrini üzerinize akıtan ve tesir eden zihindeki bencil bir istek, gizli bir şüphe ya da kaba bir davranış olabilir. Çalışanlarınızı iyi yüreklilikle düşünün, onların mutluluklarını ve rahatlığını önemseyin ve asla kendinizin başaramayacağı aşırı işleri onlardan talep etmeyin. Nadir ve güzel olan, bir çalışanın ustasının iyiliği için kendini tamamen unutabileceği ruh uysallığıdır. Ancak daha nadir ve Tanrı katında güzel olan bir insanın kendi mutluluğunu unutarak yetkisi altında bulunan ve hayatlarını devam ettirmek için ona bağlı olan kişilerin mutluluğunu sağlama uğraşıdır. Ve böyle bir kişinin mutluluğu katbekat artar, ayrıca çalışanlarından da şikâyet etme ihtiyacı duymaz. Tek bir çalışanını kovmak zorunda kalmayan tanınmış ve nüfuzlu bir işveren şöyle demiştir: "Çalışanlarımla her zaman çok mutlu ilişkilerim oldu. Bunu nasıl sağladığımı sorarsanız, tek amaç olarak onlara kendime davranılmasını istediğim şekilde davrandığımı söyleyebilirim." İşte burada tüm arzu edilen koşulların nasıl sağlanacağının ve arzu edilmeyenlerin nasıl yenileceğinin sırrı açıklanmaktadır. Yalnız olduğunuzu, kimsenin sizi sevmediğini ve dünyada tek bir arkadaşınızın olmadığını mı söylüyorsunuz? O halde size yalvarırım, kendi mutluluğunuz söz konusu olduğunda kendinizi suçlayın, başkasını değil. Başkalarına arkadaşça davranın, kısa sürede etrafınız arkadaşlarla dolacaktır. Kendinizi arındırın ve cana yakın olun, o zaman herkes sizi sevecektir.

Koşullar yüzünden hayatın yükünü sırtlamak istemiyorsanız kendinizi arındırmak ve içinizdekini zapt etmek için ihtiyaç duyduğunuz gücü geliştirerek ve onu kullanarak bu yüklerden kurtulabilirsiniz. Yoksulluğun utancını veya zenginliğin yükünü ya da birtakım talihsizlikleri, acıları ve hayatınızı ördüğünüz ağda karanlık bir geçmiş oluşturan sıkıntıları yok etmek istiyorsanız onları canlı tutan bencil güçleri yok ederek işe başlayabilirsiniz.

Nasıl ki geçmişteki düşünce ve eylemlerin sonuca ulaşması ve suçu ortadan kaldırması "Değişmez Yasa"ya bağlı değilse, biz de aynı yasaya bağlı olarak hayatın her anında yeni düşünceler ve eylemler üretme ve onları iyi ya da kötü kılma gücüne sahibiz. Bir insan parasını ya da mevkisini kaybetmiş olabilir, bu onun metanetini ya da doğruluğunu kaybetmesi gerektiği anlamına gelmez. Ancak bunları koruduğu sürece zenginlik, güç ve mutluluğa erişebilir.

Kendi esareti altında yaşayan bir insan için düşman kendisi ve çevresindekilerdir. Kendinden feragat eden bir insan için kurtarıcı yine kendisidir ve etrafı koruyucu bir kemer gibi arkadaşlarıyla çevrilidir. Saf bir kalbe ilahi ışık doğduğunda tüm karanlıklar yok olur ve bulutlar kaybolup gider. Kendi içindekini keşfeden bir insan tüm evreni de keşfeder. O halde yoksulluğu yok etmek, acıları yok etmek, sıkıntıları, dertleri, yakınmaları, kalp kırıklıkları ve yalnızlıkları yok etmek için *kendi içinizden çıkın*. Küçük bencilliklerinizle dokuduğunuz eski paçavrayı üzerinizden atın ve evrensel yasanın yeni giysisini giyin. O zaman içinizdeki cenneti fark edecek ve bunun dış dünyanıza nasıl yansıdığını göreceksiniz.

Kişisel zafer yolunda kendinden emin adımlar atan ve inancın gücüyle yürüyerek kendinden feragat eden kişi, elbette en yüksek başarıya ulaşacak ve feda ettiğinden daha fazlasını alarak sonsuz neşe ve mutluluğa erişecektir.

IV

Kişinin Enerjilerini Yöneten ve Yönlendiren Sessiz Düşünce Gücü

KİŞİNİN ENERJİLERİNİ YÖNETEN VE YÖNLENDİREN SESSİZ DÜŞÜNCE GÜCÜ

Evrenin en etkili güçleri sessiz güçlerdir ve etkisinin yoğunluğuyla doğru orantılı olarak güç doğru yönlendirildiğinde faydalı, hatalı kullanıldığında ise yıkıcı hale gelebilir. Buhar, elektrik gibi mekanik güçler söz konusu olduğunda bu basit bir bilgidir, ama bu bilgiyi düşünce güçlerinin sürekli üretilerek kurtarıcı veya yıkıcı akımlar olarak sağa sola gönderildiği yer olan zihne uyarlanması konusunda pek ilerleme kaydedilememiştir.

İnsan, evriminin bu aşamasında bu güçlerin hâkimiyetine girmiştir ve insanın halihazırdaki ilerlemesi bu enerjilere tamamen teslim olma yönündedir. Bu maddi dünyada insanın ulaşabileceği hikmet, sadece tam öz hâkimiyette bulunabilir ve "Düşmanını sev" buyruğu aslında şimdiki zamana, o yüce hikmetin hâkimiyetine girme öğüdüdür. Bunu yapmak için insanın, onu kendilerine köle eden ve bencillik akıntılarında seldeki bir saman çöpü gibi oradan oraya sürükleyen o zihinsel güçlere hâkim olup onları dönüştürmek suretiyle kontrol edebilmesi gerekir. "Tanrı Yasası"nı çok iyi bilen Yahudi elçiler daima dış olaylarla iç düşünce arasında bağlantı kurmuş, uluslarının uğradığı felaketleri veya kaydettiği başarıları o sırada uluslarında hâkim olan düşünce ya da niyetlere bağlamışlardır. Düşüncenin nedensel gücüne dair bilgi, tıpkı bütün hakiki bilgi ve gücün olduğu gibi, elçilerin bütün hikmetlerinin temelidir. Ulusal olaylar ulusun ruhsal enerjilerinin sonucudur. Savaşlar, musibetler ve kıtlıklar yanlış yönlendirilmiş düşünce güçlerinin bir araya gelip karışmasıdır, yıkımın "Yasa"nın temsilcisi olarak devreye girdiği doruk noktalarıdır. Savaşın suçunu bir kişiye ya da belli bir gruba yüklemek saçmadır. Savaş ulusal bencilliğin en kötü sonucudur.

Her şeyi ortaya seren, sessiz ve muzaffer düşünce güçleridir. Evrenin gidişine düşünce yön verir. Son tahlilde madde ise nesneleşmiş düşünceden başka bir şey değildir. İnsanların bütün icraatları ilk önce düşünce olarak şekillenir, sonra madde. Yazarlar, mucitler, mimarlar eserlerini ilk önce düşünce olarak tasarlar, ardından onu algı düzlemine aktarır, madde haline getirirler.

Düşünce güçleri hâkim "Yasa"yla uyumlu bir şekilde idare edildiğinde yapıcı ve koruyucu, bozulduklarında ise parçalayıcı ve yıkıcı hale gelirler. Bütün düşüncelerinizi "İyi"nin kudret ve üstünlüğüne tam ve sarsılmaz inanca göre ayarlamanız o "İyi"yle işbirliği içinde olmanız ve bütün kötülüğün çözümünü ve tahribini bizzat içinizde bulmanız anlamına gelir. *İnan ki yaşayasın*. Burada kurtuluşun gerçek manasını buluyoruz: "Ebedi İyi"nin yaşayan ışığını fark ederek ve ona girerek karanlıktan ve kötülükten kurtulmak. Korku, endişe, tasa, şüphe, dert, keder ve hüsran bilmemekten ve inanmamaktan doğar. Bütün bu zihinsel durumlar bencilliğin dolaysız sonuçlarıdır ve kötülüğün gücüyle üstünlüğüne olan içkin bir inanca dayanır, bu olumsuz ve ruhu yıkan zihinsel durumlar içinde yaşamak ve onların hükmü altına girmek asıl inançsızlıktır.

İnsanın ihtiyaç duyduğu şey kurtuluştur ama bu zihinsel durumların çaresiz ve sadık kölesiyken hiçbir insan kurtuluşa eriştiğini sanmasın. İnsan "Ebedi Adalet"e, "Kadir-i Mutlak İyi"ye, "Sınırsız Sevgi"ye candan inanıyorsa nasıl korkar veya endişelenir? Korkmak, endişelenmek, şüphe duymak inkâr etmektir, inanmamaktır.

Bütün güçsüzlük ve başarısızlık böyle zihinsel durumlardan kaynaklanır, zira bunlar aksi halde güçlü bir şekilde hedeflerine gidecek ve kendi faydalı sonuçlarını doğuracak olan olumlu düşünce güçlerinin bozulup çözülmesini temsil eder. Bu olumsuz durumların üstesinden gelmek güçlü olmak, köle olmaktan kurtulmak ve hâkim olmak anlamına gelir. Bunun için tek bir yol vardır, o da *içsel bilgide sürekli bir artış* meydana getirmektir. Kötüyü zihinsel olarak inkâr etmek yeterli değildir, her gün üzerinde düşünülüp anlaşılmalıdır. Zihinsel olarak iyiyi onaylamak da yeterli değildir, azimli bir çabayla içine girilmeli ve idrak edilmelidir. Kendine hâkimiyet için zihinsel talim kişiyi bir solukta içsel düşünce güçlerinin bilgisine, daha sonra da bu enerjileri doğru bir şekilde yönlendirip kullanan gücün iktisabına götürür. Kendinize hâkim olduğunuz ölçüde zihinsel güçleriniz tarafından hükmedilmek yerine siz onlara hükmedersiniz, ancak bu şekilde olayları ve dış koşulları idare edebilirsiniz. Elini attığı her şeyi bozan ve avucunun içindeki başarıyı bile sürdüremeyen bir insan güç eksikliği demek olan o zihinsel durumlardan çıkamayan insandır. Sürekli şüphe bataklığında debelenmek, durmadan korku çukuruna düşmek veya usanmadan tasa rüzgârlarıyla savrulmak köleliktir ve köle hayatı yaşamaktır, başarı ve gelişme içeri alınmak için istedikleri kadar kapınızda beklesin. İnançsız ve kendi üzerinde hâkimiyeti olmayan bir insan başına gelenlere de gereğince hükmedemez, koşullarının kölesidir, aslında kendi kendisinin kölesidir. Böyle insanlar ıstırap çekerek öğrenirler ve zayıftan güçlüye acı tecrübeler zoruyla geçerler.

İnanç ve amaç hayatın itici gücünü oluşturur. Sağlam bir inanç ile yılmaz bir amacın elinden hiçbir şey kurtulamaz. Sessiz inancın her gün talim edilmesiyle düşünce enerjileri bir araya toplanır ve sessiz amaçların her geçen gün güçlendirilmesiyle bu enerjiler hedefteki başarıya yönlendirilir.

Hayattaki konumunuz ne olursa olsun, bir başarı, yarar ve güç mertebesine ulaşmayı ummadan önce sakin ve serinkanlı bir tutumla düşünce güçleriniz üzerinde yoğunlaşmayı öğrenmelisiniz. Diyelim ki bir iş adamısınız ve çok büyük bir güçlükle ya da felaketle karşı karşıya kaldınız. Korkarsınız, endişe duyarsınız ve aklınız başınızdan gider. Bu zihinsel durumda sürekli kalmak sizi bitirir, çünkü işin içine endişe girince, doğru yargı kabiliyeti kaybedilir. Sabah erken veya gece geç vakit kendinize bir iki sakin saat ayırıp kimsenin olmadığı bir yere veya evinizin rahatsız edilmeyeceğiniz bir odasına giderek rahat bir şekilde oturursanız aklınızın otomatikman sizi endişelendiren konudan uzaklaşarak mutlu eden bir şeye yöneldiğini göreceksiniz. Böylelikle dinlendirici bir kudret zihninize sızacak ve endişeniz yok olacaktır. Bunu yaptıktan sonra zihninizi tamamen karşılaştığınız güçlüğü çözmeye verebilirsiniz. Endişeli olduğunuz zaman size karmaşık ve aşılamaz gibi gelen sorun o an basit görünecektir. Sadece sakin ve huzurlu bir zihnin sahip olabileceği net görme ve doğru yargıda bulunma kabiliyetleriyle gitmeniz gereken yolu bilecek ve uygun sonuca ulaşacaksınızdır. Zihninizi dingin hale getirmeniz günler alabilir ama uğraştığınız takdirde kesinlikle başarılı olursunuz. Ayrıca o sakin anda bulduğunuz yolu *devam ettirmelisiniz.* Yine günlük işlere daldığınızda ve endişeler yine sizi sarıp size hükmetmeye başladığında bulduğunuz yolun yanlış ve saçma olduğunu düşüneceksinizdir ama aldırmayın. Şüphenin gölgesinde kalmayın, sakinliğinizi yitirmeyin. Sükûnet saati aydınlanma ve doğru yargı saatidir. Böyle bir zihinsel disiplinle parçalanmış düşünce güçleri yeniden bir araya gelir ve tıpkı bir fenerin ışığı gibi söz konusu meseleye doğrultulurlar. Sonuç olarak mesele bir araya toplanan güçlere dayanamayarak ortadan kalkar.

Ne kadar esaslı olursa olsun, sakin ve güçlü bir düşünce yoğunlaşması karşısında teslim olmayacak zorluk, insanın ruhsal enerjilerinin akıllıca kullanımı ve yönlendirilmesiyle gerçekleştirilemeyecek meşru amaç yoktur.

Kendi içinizi iyice incelemediğiniz ve orada yatan birçok düşmanı yenmediğiniz sürece ne düşüncenin gücünü, ne onun dış ve maddi şeylerle ayrılmaz ilişkisini, ne de doğru kullanıldığı ve yönlendirildiğinde, yaşama koşullarını düzeltmede ve dönüştürmedeki sihirli etkisini anlayabilirsiniz.

Kafanızdan geçen her düşünce dışarı gönderilen bir enerjidir, doğası ve yoğunluğuna göre ona açık zihinlerde kendine mesken arayacak ve üzerinizde iyi ya da kötü etkide bulunacaktır. Zihinler arasında durmaksızın bir tekabül ve sürekli bir düşünce gücü alışverişi cereyan eder. Bencil ve rahatsız edici düşünceler, başka zihinlerdeki kötülüğü harekete geçiren ve arttıran kötü ve yıkıcı enerjiler, katlanarak size geri dönen kötülüğün taşıyıcılarıdır. Sakin, saf ve özgecil düşünceler ise dünyaya kanatlarında sağlık, şifa ve bereketle gönderilen, kötü enerjilerle savaşan meleksi taşıyıcılardır. Neşe yağlarını endişe ve gam sularına döküp kırık kalplere ebedilik mirasını geri yükler. İyi şeyler düşünün, bu iyi düşünceler dış koşullarınıza aksedecektir. Ruhunuzdaki güçlere hâkim olun ki dış dünyadaki yaşamınızı istediğiniz gibi şekillendirebilesiniz. Kurtarıcıyla günahkâr arasındaki fark şudur: Biri içindeki bütün güçlere hâkimken diğeri onlar tarafından yönetilir.

Gerçek güç ve kalıcı huzur için kendine hâkim olmak, kendini idare edebilmek ve kendini arındırmaktan başka yol yoktur. İsteklerinin eline düşen bir insan güçsüzdür, mutsuzdur ve dünyaya gerçek anlamda bir hayrı yoktur. Sizin vazifeniz önemsiz beğenilerinize, yanardöner sevgi ve nefretlerinize, öfke, şüphe, kıskançlık nöbetlerinize ve acizce teslim olduğunuz ruh hali değişikliklerinize boyun eğdirmektir. Bu sayede hayatınıza mutluluk ve refah katabilirsiniz. Değişken ruh hallerinize kapıldığınız müddetçe hayat yolunda başkalarına ve dış yardımlara bağımlı olursunuz. Yere sağlam basarak güvenli bir şekilde yürümek ve başarılı olmak istiyorsanız bu türden bütün rahatsız edici ve yavaşlatıcı titreşimleri aşmalı ve kontrol altına almalısınız. Her gün zihninizi dinlendirme, genel adıyla "sessizliğe girme" denemeleri yapmalısınız. Bu, huzursuz edici bir düşünceyi huzur verenle, güçsüzlüğe dair bir düşünceyi güce dair olanla değiştirme yöntemidir. Bunu yapmadıkça zihinsel güçlerinizi hayatla ilgili sorun ve hedeflere etkili bir şekilde yönlendiremezsiniz. Mesele insanın bölük pörçük güçlerini tek bir etkili kanala yönlendirmektir. Nasıl işe yaramaz bir bataklık, dağınık ve zararlı akıntıları düzenlenip tek bir kanala yönlendirildiğinde altın sarısı mısırların yetiştiği bir tarlaya veya verimli bir bahçeye dönüşürse, sakin olabilen ve içindeki düşünce akımlarını kontrol edip yönlendirebilen insan da ruhunu kurtarabilir ve kalbi ile hayatını verimli hale getirebilir. Güdüleriniz ve düşünceleriniz üzerinde hâkimiyet kurabildiğinizde içinizde giderek büyüyen yeni ve sessiz bir güç bulacaksınız, iç huzuru ve kudret hep sizinle olacak. Gizli güçleriniz ortaya çıkmaya başlayacak ve daha önceki çabalarınız zayıf ve etkisizken, artık bu sessiz güvenle çalışabileceksiniz, bu da sizi başarıya götürecek. Bu yeni güçle içinizde "sezgi" denen içsel aydınlanma meydana gelecek, böylelikle artık karanlıkta ve el yordamıyla değil, ışıkta ve emin bir şekilde yürüyeceksiniz. Bu ruh-görüşünün gelişimi sayesinde yargı kabiliyeti ve zihinsel nüfuz kayda değer ölçüde artacak, böylelikle içinizde, meydana gelecek olayları ve çabalarınızın sonuçlarını kayda değer bir doğrulukla önceden bilmenize yardımcı olan bir görme gücü gelişecektir. İçsel olarak değiştiğiniz ölçüde hayata bakışınız da değişecektir ve siz başkalarına karşı tutumunuzu değiştirdiğinizde onların size karşı hal ve hareketlerinde de değişiklik olacaktır. Seviyesi düşük, güçsüzleştiren ve yıkıcı düşünceleri aştığınız vakit güçlü, saf ve asil zihinlerden doğan olumlu, güç veren ve yapıcı akımlarla bağ kuracaksınız, mutluluğunuz yoğunluk kazanacak ve ancak kendine hâkim olmakla edinilebilecek neşe ve kudreti fark edeceksiniz. Sahip olduğunuz bu güç ve neşeyi etrafa saçacaksınız ve hiç çaba sarf etmeden, farkına bile varmadan, güçlü insanları kendinize çekeceksiniz, etkili bir insan olacaksınız ve değişen düşünce dünyanıza paralel olarak dış olaylar kendiliğinden şekillenecek. "İnsanın en büyük düşmanı kendisidir" ve faydalı, güçlü ve mutlu bir insan olumsuz, zavallı ve karışık düşünce akımlarını edilgen bir şekilde kabul eden biri olmayacaktır. Nasıl bir hane sahibi hizmetçilerini idare eder ve konuklarını davet ederse, insan da arzularını idare etmeyi öğrenmeli ve ruhuna hangi düşünceleri sokacağına kendi karar vermelidir. Çok az bir kendine hâkim olma kabiliyeti geliştirmek bile, insanın gücüne güç katar ve bu ilahi hüneri mükemmelleştiren kişi tasavvur edilemeyene-hikmete ve içsel güç ile huzura erer, ruhuna hâkim olana evrenin bütün güçlerinin yardım edip kol kanat gerdiğini görür.

V

Sağlık, Başarı ve Gücün Sırrı

SAĞLIK, BAŞARI VE GÜCÜN SIRRI

Küçükken hiç sıkmayan masalları ne büyük bir hazla dinlediğimizi hatırlamayanımız yoktur. Zor anlarda kötü cadının, zalim devin veya kralın entrikalarından hep kurtulan iyi oğlan ya da kızın inişli çıkışlı kaderlerini nasıl da hevesle takip ederdik. Küçük kalplerimiz hep kahramandan yana olurdu, onların bütün düşmanlarını alt edeceğinden hiç şüphe duymazdık, çünkü perilerin hiç yanılmayacaklarını ve kendilerini iyilik ve adalete adayanları asla yalnız bırakmayacaklarını bilirdik. En zor anda sihrini kullanan peri bütün dert ve tasaya son verip kahramanların bütün ümitlerini gerçekleştirdiğinde ve onlar sonsuza kadar mutlu yaşadıklarında içimiz nasıl da sevinçle dolardı. Yaşımız ilerleyip biz yaşamın "gerçekleri" ile tanıştıkça güzel masal dünyamız silindi ve muhteşem masal kahramanları hafızalarımızın arşivlerine sürgüne gönderildi. Sandık ki çocukça hayaller dünyasını ebediyen terk ettiğimiz zaman akıllı ve güçlü olacağız, ama harikulade hikmet âleminde yeniden küçük birer çocuk olduğumuz için çocukluk hayallerine geri döneceğiz ve onların aslında gerçeklik olduğunu göreceğiz.

Küçücük ve neredeyse görünmez oldukları halde sihirli güçlere sahip olan, iyilik, sağlık, servet ve mutluluk veren masal karakterleri tekrar gerçekliğe doğru yola çıkar ve düşüncenin gücüne ve varlığın iç dünyasını yöneten kurallara vakıf olanın ruh diyarında ölümsüzleşirler. Periler o kişi için, hüküm süren "İyilik"le uyum içinde çalışan düşünce-insanları, düşünce-ulakları, düşünce-güçleri olarak tekrar canlanırlar. Her gün kalplerini "Mutlak İyiliğin" kalbine uydurmaya çalışanlar gerçekte asıl sağlık, servet ve mutluluğa ererler. Hiçbir koruma iyilikle kıyaslanamaz, "iyilik"ten kastım ise ahlak kurallarına görünüşte uymaktan ibaret değil; saf düşünce, asil emeller, bencil olmayan sevgi ve aşırı gururdan kurtulmaktan söz ediyorum. Sürekli iyi düşünceler içinde olmak etrafa sürekli olarak onunla temas eden herkesi etkileyecek olan tatlı ve güçlü bir ruhsal atmosfer yaymaktır. Nasıl ki güneş karanlığı hezimete uğratır, saflık ve inançla güçlenen bir kalpten yayılan olumlu düşünce ışınları da bütün aciz kötü güçleri yok eder.

Sağlam inanç ve bozulmaz bir saflık varsa sağlık vardır, başarı vardır, güç vardır. Böylelerinde hastalık, yetersizlik ve felaket barınamaz, çünkü beslenecek bir şey bulamazlar.

Fiziksel koşullar bile büyük ölçüde zihinsel durumlar tarafından belirlenir, bilim dünyası da hızla bu gerçeğe doğru yol almaktadır. İnsanın vücuttan ibaret olduğuna dair eski maddeci inanç hızla kayboluyor, yerini insanın vücudundan daha üstün olduğu ve vücudunu düşünce gücüyle şekillendirebileceği inancı alıyor. Artık insanlar bir kişinin hazımsızlık yüzünden mutsuz olduğuna inanmaya son verip kişinin mutsuz olduğu için hazımsızlık çektiğini anlamaya başladılar. Yakın gelecekte çoğu hastalığın nedeninin zihinde yattığı gerçeği sıradan bir bilgi olacak.

Kökü zihne dayanmayan kötülük yoktur; günah, hastalık, gam, keder, elem aslında evrensel düzene aittirler, maddelerin doğasında bulunmazlar, bizim yanlış anlamlandırmalarımızın sonuçlarıdırlar.

Bir zamanlar Hindistan'da yaşayan bir grup filozoftan söz edilir. Bu filozoflar o kadar saf ve basit birer hayat yaşarlarmış ki çoğunlukla yüz elli yaşını görmüşler. Onların gözünde hastalanmak affedilmez bir utançmış, çünkü hastalanmak yasayı çiğnemenin bir göstergesi olarak görülürmüş. Hastalığın gücenen Tanrı'nın keyfi ziyaretiyle veya kadersizlikle bir ilgisi olmadığını, bizim kendi hata veya günahımızın sonucu olduğunu ne kadar çabuk anlar ve kabul edersek o kadar çabuk sağlıklı olma yoluna gireriz. Hastalık onu davet edene, zihni ve vücudu ona açık olana gider; güçlü, saf ve olumlu düşünceleri sağlık ve hayat veren akımlar yaratana ise uğramaz.

Öfke, kasvet, haset, açgözlülük veya benzeri bir uyumsuz zihinsel duruma teslim olup sonra da mükemmel bir sağlık beklerseniz hayal kırıklığına uğrarsınız, çünkü zihninize sürekli hastalık tohumları ekiyorsunuz. Akıllı insan bu tür zihinsel durumlardan dikkatle kaçınır, çünkü onların foseptik çukurundan veya mikroplu bir evden bile daha tehlikeli olduğunu bilir. Bütün fiziksel ağrı ve acılardan uzak olmak ve mükemmel bir fiziksel ahengin keyfini sürmek istiyorsanız zihninize çekidüzen verin ve düşüncelerinizi uyumlu hale getirin. Neşeli şeyler düşünün, sevgi dolu olun, neşe iksiri damarlarınızda süzülsün, o zaman başka ilaca gerek duymazsınız. Kıskançlıklarınızı, şüphelerinizi, tasalarınızı, nefretlerinizi, bencilce isteklerinizi bırakın ki hazımsızlık, safra kesesi ağrısı, öfke hali ve eklem ağrısı sizden uzak olsun. Bu zayıf düşüren ve moral bozan zihinsel alışkanlıkları bırakmadığınız müddetçe hastalıktan şikâyet etmeye hakkınız yok.

Aşağıdaki hikâye zihinsel alışkanlıklarla bedensel koşullar arasındaki yakın ilişkiyi gösteriyor. Bir adam çok ağrılı bir hastalığa yakalanmış, doktor doktor gezmesine rağmen hastalığına çare bulamamış. Şifalı sularıyla meşhur şehirlere gitmiş, ama bu sulara girince ağrıları artmış. Bir gece rüyasında bir ruh görmüş. Ruh ona, "Bütün tedavi yollarını denedin mi?" diye sormuş, o da "Hepsini denedim," demiş. "Hayır," demiş ruh, "benimle gel, sana gözünden kaçan şifalı banyoyu göstereyim." Hasta adam onu izlemiş, ruh onu berrak suya götürmüş, "Bu suya gir, kesin iyileşirsin," demiş, sonra da kaybolmuş. Adam suya girmiş, dışarı çıkmış, işte! Hastalığı onu terk etmiş. Aynı anda suyun üstünde "Feragat" kelimesinin yazılı olduğunu görmüş. Adam uyandığında kafasında rüyasını yorumlamış ve içine baktığında daima günahkâr bir isteğin kölesi olduğunu görmüş ve bundan ebediyen feragat edeceğine yemin etmiş. Yeminini yerine getirmiş ve o günden itibaren hastalığı iyileşmeye başlamış, kısa bir zaman sonra da tamamen sıhhatine kavuşmuş. Çoğu insan fazla çalışmaktan yıprandığını söyler. Bu vakaların çoğunda yıpranma sıklıkla enerjinin düşüncesizce harcanmasının bir sonucudur. Zihinsel veya bedensel çalışma faydalıdır, sağlık verir ve sürekli, sakin bir tutarlılıkla, dert ve tasa taşımadan ve aklını tamamen yaptığı işe vererek çalışan bir insan, sürekli koşturan ve tasalanan birinden daha başarılı olmakla kalmayacak, sağlığını da koruyacaktır.

Gerçek sağlık ile gerçek başarı iç içedir, çünkü düşünce alanında ayrılmaz bir şekilde birbirlerine geçmişlerdir. Zihinsel ahenk beden sağlığını temin ettiği gibi, insanın planlarını gerçekleştirmesi için ahenkli bir etkide de bulunur. Düşüncelerinizi düzene sokun ki hayatınız da düzene girsin. Tutkunun ve peşin hükümlerin azgın sularına sükûnet yağından dökün ki ne kadar tehditkâr olurlarsa olsunlar, mutsuzluk rüzgârları hayat okyanusunda yol alan ruhunuzun küçük gemisini parçalamasın. O gemi neşeli ve sarsılmaz bir inançla idare edilirse rotası iki kat emin olacaktır ve öbür halde ona karşı saldırıya geçecek tehlikeler yanından geçip gidecektir. İnanç gücüyle her iş başarılır. Yüce olana inanç, hâkim "Yasa"ya inanç, işinize inanç ve o işi başaracağınız konusundaki inancınız – işte başarır, düşmez de ayakta kalırsanız üzerine kuracağınız kaya. Her koşulda içinizdeki en yüksek itici güçleri izlemek, ilahi benliğe daima sadık olmak, iç "Işığınıza," iç "Sesinize" güvenmek ve geleceğin size gereken her düşünce ve çabayı temin edeceğine inanarak hedefe korkusuz ve sakin bir yürekle gitmek, evrenin yasalarının yanılmayacağını ve dileğinizin matematiksel bir kesinlikle size geri döneceğini bilmek, işte bu inançtır, inançlı yaşamaktır.

Böyle bir inancın gücüyle karanlık belirsizlik suları yarılır, dert dağları yıkılır ve inançlı ruh zarar görmeden geçer. Her şeyden öte yılmaz bir inanca sahip olmak için çaba gösterin, zira inanmak mutluluk, başarı, huzur, barış, hayatı acıya karşı üstün kılan her şeyin tılsımıdır. Böyle bir inanca dayandığınızda, "Ebediyet Kayası"na dayanmış olursunuz. Onun üzerine kuracağınız her şey "Ebediyet" malzemelerinden oluşur. Böylelikle kuracağınız hiçbir yapı yıkılmaz çünkü onlar kökü toprağa bağlı bütün mal mülkten daha değerlidir. İster keder içinde boğulun, ister sevinçten havalara zıplayın, bu inancınızı kaybetmeyin, o sizin daima sığındığınız kayanız olsun ve ayaklarınız onun ölümsüz ve sarsılmaz temeline sıkıca bassın. Böyle bir inanca dayandığınızda öyle bir ruhsal güce erişeceksiniz ki kötülüğün size çevrilmiş bütün enerjileri cam oyuncaklar gibi paramparça olacak ve dünyevi kazanç peşindeki birinin hayal bile edemeyeceği bir başarıya ulaşacaksınız.

Bugün bu inancı keşfeden, her gün onunla yaşayan, onu en büyük sınava tabi tutarak onun şanına ve huzuruna sahip olan etten kemikten kadınlar ve erkekler var. Onların buyruğuyla kederle hayal kırıklığı ve zihinsel bitkinlikle fiziksel ıstırap dağları yanlarından geçip bilinçsizlik denizine atıldı.

Bu inanca sahip olursanız gelecekteki başarı veya başarısızlıklarınız konusunda korkularınız olmayacak, başarı sizi bulacak. Sonuçlar için tasalanmayacak, doğru düşünce ile doğru çabanın doğru sonuç vereceğini bilerek neşe ve huzur içinde çalışacaksınız.

Birçok mutluluğu haiz olmuş bir kadın tanıyorum, geçenlerde bir arkadaşı ona şöyle demiş: "Ah ne kadar şanslısın! Her istediğin oluyor." Görünüşte gerçekten öyleydi ama aslında kadının hayatındaki mutluluk onun hayatı boyunca içinde besleyip geliştirdiği mutluluğun sonucuydu. Sadece dilemek hayal kırıklığından başka bir şey getirmez, önemli olan yaşamaktır. Akılsızlar diler ve şikâyet ederler, akıllılar ise çalışır ve beklerler. Bu kadın çalışmıştı, kalbiyle ruhunun dışında ve içinde ama özellikle içinde çalışmıştı, hem de "Ruh"un görünmez elleriyle, inanç, umut, neşe, bağlılık ve sevginin kıymetli taşlarıyla güzel bir ışık mabedi inşa etmişti. O mabet kadının gözünde parlıyordu, yüzünden dışarı vuruyordu, sesinin titreşiminde hissediliyordu ve onu tanıyan herkes ondan etkileniyordu.

Aynı şeyi siz de yapabilirsiniz. Başarınız, başarısızlığınız, etkiniz, bütün hayatınız devamlı sizinledir, çünkü baskın düşünce eğilimleriniz kaderinizin belirleyici etmenleridir. Sevgi dolu, saf ve mutluluk veren düşünceler size uğur getirir ve huzur sizi hiç terk etmez. Nefret dolu, karışık ve mutsuz düşünceler ise başınızdan aşağı bela yağmasına, korku ve huzursuzluğun yakanızı bırakmamasına sebep olacaktır. Kaderiniz nasıl olursa olsun, onu mutlaka siz belirlersiniz. Her an dışarıya hayatınızı güzelleştirecek ya da yıkacak düşünceler gönderiyorsunuz. Yüreğinizi geniş, sevgi dolu ve özgecil kılın ki az para kazansanız bile etkiniz ve başarınız büyük ve kalıcı olsun. Onu şahsi çıkarın dar sınırlarına hapsederseniz isterseniz milyoner olun, yine de son tahlilde etkiniz ve başarınızın çok küçük olduğu ortaya çıkacaktır.

Bu saf ve özgecil ruhu besleyip imanla, yalınkat amaçla birleştirdiğinizde, sadece sağlık ve sürekli başarıyı değil, yücelik ve gücü de haiz olacaksınız.

Halihazırdaki konumuzdan hoşnut değilseniz, işinizi severek yapmıyorsanız, yine de görevlerinizi titizlikle yerine getirin, bir yandan da daha iyi bir konum ve daha büyük fırsatların sizi beklediğini düşünün, imkânları geliştirmek için daima fırsat kollayın ki o önemli an gelip de yeni kanal karşınıza çıktığında zihniniz buna tamamen hazırlıklı haldeyken o kanala girebilesiniz.

Göreviniz ne olursa olsun, ona aklınızı tamamen verin, ona elinizden gelen bütün enerjiyi yükleyin. Küçük işlerin eksiksizce yerine getirilmesi daha büyük işlere götürür insanı. Düşmemek için sürekli tırmanmaya bakın. Gerçek gücün sırrı burada yatar. Kaynaklarınızı idareli kullanmayı ve onları her an belli bir noktaya aktarmayı öğrenin. Akılsızlar bütün zihinsel ve ruhsal enerjilerini uçarılıkla, aptalca gevezelikle veya bencilce tartışmayla harcarlar. Fuzuli fiziksel aşırılıkları da herkesçe malumdur.

Büyük bir güç istiyorsanız denge ile hareketsizlik üzerinde çalışmalısınız. Tek başınıza ayakta durabilmelisiniz. Bütün güçler sabitlikle bağlantılıdır. Dağlar, büyük kayalar, fırtınadan kurtulmuş meşe ağaçları, hepsi münferit azametleri ve sarsılmaz sabitlikleriyle bize gücü ifade ederler; öbür yandan sabit olmayan kum, esneyen, dalgalanan saz bize güçsüzlüğü anlatırlar, çünkü hareketli ve dirençsizdirler, benzerlerinin yanından koparıldıklarında tamamen faydasızdırlar. İşte etrafındakilerin hepsi bir duygu veya tutkunun tesirine girdiğinde sakin ve sabit kalan kişi güçlü kişidir.

Sadece kendini idare edip kontrol edebilen kişi idare ve kontrolü haiz olur. Aşırı duygusal, korkak, düşüncesiz ve sığ insanlar eşlikçiye ihtiyaç duyar, aksi halde destek eksikliğinden mahvolurlar ama sakin, korkusuz, düşünceli ve derin insanlar ormanın, gölün ve dağ zirvesinin sessizliğine ihtiyaç duyarlar, böylelikle güçlerine güç eklenir ve insanı yutan ruhsal akıntı ve girdaplardan rahatça kurtulurlar.

Tutku güç değildir; gücün kötüye kullanılması, boşa saçılmasıdır. Tutku, savaş halindeki kayayı çılgınca ve hiddetle döven bir fırtına gibidir, güç ise bizzat sessiz ve sabit duran kayadır. Worms'a gitmesinin güvenli olmayacağını düşünen korkak arkadaşlarının ısrarlarından sıkılan Martin Luther'in, "Worms'da, evlerin çatısındaki kiremitler kadar çok iblis olsa da oraya giderim," demesi gerçek bir güç göstergesidir. Benjamin Disraeli'nin, ilk meclis konuşmasını yaptığı sırada alay konusu olduğunda, "Beni dinlemekten şeref duyacağınız gün de gelecektir!" diye bağırması da düşünce halindeki gücün ortaya konmasıydı. Benim de tanıdığım o genç adam türlü terslikler ve talihsizliklerle uğraşırken arkadaşlarının alayına maruz kaldığında ve çaba göstermekten vazgeçmesi söylendiğinde, buna karşılık o, "Talihime ve başarıma şaşakalmanız yakındır," diye cevap verdiğinde, onu birçok zorluktan kurtarmış ve hayatını başarıyla taçlandırmış olan o sessiz ve karşı konulmaz güce sahip olduğunu gösterdi.

Bu güce sahip değilseniz talim ederek kazanabilirsiniz, güç de bilgi gibi peyderpey elde edilir. Şimdiye kadar gönüllü kölesi olduğunuz manasız şeyleri aşarak başlayabilirsiniz. Taşkın ve kontrolsüzce gülmek, karalayıcı ve boş konuşmak ve sırf gülmek için nükte yapmak, bunlar değerli enerjiyi boşa harcamak olduğundan bırakılmalıdır. Aziz Pavlus'un, Efeslileri, "uygun olmayan aptalca konuşma ve hareketlerden" kaçınmaları gerektiği, çünkü bu tür alışkanlıkların insanın bütün ruhsal gücünü ve hayatını mahvedeceği konusunda uyarması, onun insanın ilerlemesinin gizli kurallarını ne denli iyi bildiğini ortaya koyar. Kendinizi böyle zihinsel israflardan uzak tutmayı öğrendikçe gerçek gücün ne olduğunu anlamaya başlayacak, o zaman ruhunuzu kafesleyen ve güce giden yolu tıkayan daha güçlü arzu ve zevklerinizle pençeleşecek, böylelikle ilerleme kaydedeceksiniz.

Hepsinden önemlisi, tek bir hedefiniz olsun, meşru ve faydalı bir amaç edinin ve kendinizi tamamen ona adayın. Hiçbir şey sizi yolunuzdan alıkoymasın, unutmayın, "Aklı karışık olanın yolu da karışık olur." Öğrenmeye hevesli olun, ama yalvarma konusunda aceleci davranmayın. İşinizi en ince ayrıntısına kadar bilin ve onu sahiplenin, iç "Rehber"inizi, yanılmaz "Ses"i dinleyerek ilerlediğiniz için zaferden zafere koşacak ve adım adım daha yüksek yerlere tırmanacaksınız ve genişleyen bakışınız azar azar hayatın asıl güzelliği ile amacınızı görmenizi sağlayacaktır. Arınmışlar, sağlık sizdedir; inancını koruyanlar, başarı sizindir; kendine hâkim olanlar, güç sizindir ve her konuda muvaffak olacaksınız, zira kopuk bir birim, kendinin kölesi olmayı bırakmakla "Yüce Yasa"ya uymuş, evrensel "Hayat"a, "Ebedi İyiliğe" karşı değil, onunla birlikte çalışmış olacaksınız. Kazandığınız sağlık sizi terk etmeyecek, ulaştığınız başarı her türlü insan hesabını aşacak ve hiç kaybolmayacak, elinizde tuttuğunuz etki ve güç evreni destekleyen değişmez ilkenin bir parçası olacağı için zamanla artacak.

O halde sağlığın sırrı saf bir kalp ile düzenli bir zihindir, başarının sırrı sarsılmaz bir inanç ile akıllıca idare edilen bir amaçtır, sarsılmaz bir iradeyle arzunun kara atının dizginlerini tutmak da gücün sırrıdır.

VI

Sonsuz Mutluluğun Sırrı

SONSUZ MUTLULUĞUN SIRRI

Mutluluğa duyulan açlık çok büyüktür, eksikliği de en az onun kadar büyüktür. Çoğu fakir insan zengin olmak ister, mal mülkün onlara büyük ve sürekli bir mutluluk getireceğine inanır. Her arzusunu ve hevesini doyurmuş olan zenginlerin çoğu can sıkıntısı ve ağzına kadar dolu olmaktan şikâyetçidir, mutluluk onlara fakirlere olduğundan daha uzaktır. Bunlar üzerinde düşündüğümüzde, mutluluğun maddi imkânlardan, mutsuzluğun da fakirlikten kaynaklanmadığına dair çok önemli gerçeği görürüz. Öyle olsaydı fakirler daima mutsuz, zenginler ise daima mutlu olurdu, ama genelde tersi söz konusudur. Tanıdığım birçok mutsuz insan bolluk ve lüks içinde yaşarken, karşıma çıkan kimi mutlu insanlar sadece zaruri ihtiyaçlarını karşılayarak yaşıyorlardı. Mala mülke kavuşan çoğu kişi, zenginlik elde etmenin ardından gelen bencilce hazzın hayatın tatlılığını alıp götürdüğünü ve fakirken olduğu kadar mutlu olamadığını itiraf etmiştir.

Nedir o halde mutluluk ve nasıl muhafaza edilir? Bir hayal, bir aldanma mıdır ve yıllar yılı tek başına sıkıntı mı çekilmelidir?

Ciddi bir gözlem ve düşünme sonucu hikmet yoluna girenlerin dışında herkesin mutluluğun *arzuları doyurmakla* elde edileceğini sandığını anlarız. Bu kökü cehalet toprağında olan ve bencilce özlemler tarafından sürekli olarak sulanan inançtır dünyanın bütün mutsuzluklarının sebebi. *Arzu* kelimesini kaba hayvani iştahla sınırlamıyorum; arzu daha yüksek ruhsal alana da uzanır. Orada daha güçlü, kurnaz ve sinsi özlemler akıllı ve eğitimlileri, ifadesi mutluluk olan ruh güzelliği, ahengi ve saflığından mahrum ederek tutsak ederler.

Çoğu insan dünyadaki mutsuzluğun sebebinin bencillik olduğunu söyleyecektir. Öte yandan bunun kendilerinin değil, başkalarının bencilliği olduğu şeklinde ruha zarar bir aldanma içindedirler. Bütün mutsuzluklarınızın sebebinin kendi bencilliğiniz olduğunu itiraf etmeye gönüllü olduğunuzda mutluluğun kapılarına yaklaşırsınız, ama mutluluğunuzu çalanın başkalarının bencilliği olduğuna inandığınız sürece kendi yarattığınız ıstırap ve sıkıntıyı çekmeye mahkûmsunuzdur.

Mutluluk içsel tatmin halidir, o da neşe ve huzurdur ve gerçek mutlulukta bütün arzular temizlenmiştir. Doyurulan arzudan elde edilen mutluluk aldatıcıdır ve hep arkasından daha fazla tatmin isteği gelir. Arzu okyanus gibi açgözlüdür ve taleplerine uyuldukça daha çok ister. Aklı çelinen müptelalarından hep daha çok hizmet bekler, ta ki müptelaları fiziksel veya zihinsel acıyla kıvranana, ıstırabın arındıran alevlerine savrulana kadar. Arzu cehennem dinidir ve bütün eziyetler orada toplanmıştır. Arzuyu terk etmek cenneti bulmaktır, bütün sevinçler yolcuyu orada bekler.

Cennet ile cehennem içsel durumlardır. Nefsinize ve onu doyurmaya daldığınız vakit mutsuzluk cehennemine dalmış olursunuz, nefsinizi aşıp bilince erdiğinizde ki o bilinç nefsin tamamen unutulmasıdır, mutluluk cennetine girmiş olursunuz. Nefis kördür, yargıdan yoksundur, gerçek bilgiden bihaberdir ve hep acı getirir. Doğru algı, yansız yargı ve gerçek bilgi yalnız ilahi durumda bulunur ve ancak bu ilahi bilince erdiğinizde gerçek mutluluğu tanıyabilirsiniz. Kendi mutluluğunuzu bencilce aramayı sürdürmekte ısrar ettiğiniz müddetçe mutluluk sizden kaçacaktır ve siz devamlı sefalet tohumları ekeceksinizdir. Kendinizi başkalarına hizmete adadığınızda ise aynı oranda mutluluk biçersiniz.

Sevilmekle değil, sevmekle,
Kalp kutludur;
Almakta değil, vermekte,
İnsan aradığını bulur;
Neye özlem duyuyorsan, ne ise ihtiyacın
Ver ki
Ruhun beslensin
Yaşadığını bilesin.

Nefse tutunursan kedere saplanırsın, nefsi terk edersen huzura erersin. Bencilce istemek, sadece mutluluğu değil, onun kaynağı olduğuna inandığımız şeyi bile yitirmektir. Oburların azalan ağız tatlarını arttırmak için nasıl yeni lezzetler aradıklarına bakın. İştahına hâkim olan, ağız tadını yalnızca istememekle kalmayıp onu aklına bile getirmeyen kişi sade yiyecekten büyük tat alır. İnsanların nefsin gözlerinden bakarak doyurulan arzuda gördüğünü sandığı mutluluğun melek suretinin, sıkıca tutulunca mutsuzluğun iskeleti olduğu görülür.

Kalıcı mutluluk bencilce elinizde tutmayı bırakıp feragat etmek istediğinizde gelecektir. Bağlı olun veya olmayın, bir gün elinizden alınacak o geçici şeyi çekinmeden verdiğiniz zaman, acı verici bir kayıp gibi görünenin yüce bir kazanç olduğunu anlayacaksınız. Fakat kazanç için feragat etmekten daha büyük bir aldanma, ondan daha bereketli bir mutsuzluk kaynağı yoktur ama vermeyi ve kaybetmeyi istemek hakikaten "Hayat Yolu"dur.

Kendimizi doğaları gereği geçici olan şeylere vererek mutluluk elde etmek nasıl mümkün olabilir? Kalıcı ve gerçek mutluluk sadece kalıcı şeylerle ilgilendiğimizde bize gelir. O zaman geçici şeylere sarılmayı ve özlem duymayı bırakın, o zaman "Ebediyet" bilincine erer ve nefsi aşıp zamanla safiyet ruhuna, kendini feda etmeye ve evrensel "Sevgi"ye geçerek o bilince erdiğiniz için mutluluk size kendiliğinden gelir ve sizi asla terk etmez.

Başkalarına duyduğu sevgiden kendini tamamen unutmuş olan kalp en büyük mutluluğa erişmekle kalmaz, ölümsüzleşir, zira İlahi olanı kavramıştır. Hayatınızı bir gözden geçirin, en büyük mutluluk anlarının bir sözünüz veya hareketinizle şefkat veya özverili sevgi gösterdiğiniz anlar olduğunu göreceksiniz. Ruhsal açıdan mutlulukla uyum eşanlamlıdır. Uyum ruhsal ifadesi sevgi olan "Yüce Yasa"nın bir safhasıdır. Bencillik ahenksizliktir ve bencil olmak "İlahi" düzenle uyumsuzluk içinde olmak anlamına gelir. Nefsi inkâr etmek demek olan her şeyi saran sevgiyi fark ettiğimiz zaman ilahi müzikle, evrensel şarkıyla aramızda bir uyum doğar ve gerçek mutluluk olan o anlatılmaz ezgi bizim olur.

Hem kadınlar hem erkekler kör bir mutluluk arayışı içinde şuraya buraya koşturup dururlar ama bulamazlar, mutluluğun içlerinde ve etraflarında olduğunu, evreni doldurduğunu ve bencilce arayışları yüzünden mutlulukla aralarına set çektiklerini anlamadıkları müddetçe bulamayacaklar.

Mutluluğu kovaladım benim olsun istedim,
Kule gibi meşe ve salkım saçak asma diktim.
O kaçtı, ben kovaladım, eğimli dere tepede,
Tarlalarda ve çayırlarda, mor vadide
Peşinden giderek coşkun derede,
Kartalların çığlık attığı yüksekliklerde;
Dolaştım bütün dağları ve denizleri,
Ama hep uzak tuttu mutluluk beni.
Yorgunluktan bayılınca bıraktım peşini,
Çöktüm susuz bir kıyıya.
Biri gelip yiyecek istedi, bir başkası sadaka;
Koydum ekmek ile paraları kemikli avuçlara.
Biri gelip anlayış istedi, bir başkası istirahat;
Hepsine verdim elimde ne var ne yoksa,
İşte o zaman tatlı Mutluluk belirip ilahi surette,
"Seninim!" dedi yumuşak bir sesle.

Burleigh'in bu mısraları sonsuz mutluluğu ifade ediyor. Her şeyi kendi önemsiz çıkarlarına köle kılmak isteyen nefsi bırakırsanız evrensel sevginin özüne ve esasına giden yolda mutluluk eşlikçiniz olur. Kendinizi başkalarının kederlerinde unutursanız, başkalarına yardım etmeye adarsanız, ilahi mutluluk sizi bütün keder ve elemden korur. "Birinci adımı güzel düşünceyle, ikincisini güzel bir sözle, dördüncüyü güzel bir amelle attım, mutluluk cennetine girdim." Bu yolu izleyerek her zaman cennete ulaşırsınız. Uzakta değil, buradadır mutluluk cenneti.

Onu yalnızca bencil olmayanlar bulur. Sadece yüreği saf olanlar ona tamamıyla ulaşır. Bu sınırsız mutluluğu henüz kavrayamadıysanız daima yüce fedakâr sevgi ülküsüne sarılarak ve şiddetle isteyerek onu gerçekleştirmeye başlayabilirsiniz. Büyük amaç veya dua yukarı dönük arzudur. Sadece kalıcı tatminin bulunduğu "İlahi" kaynağa dönen ruhtur. Çok istemekle arzunun yıkıcı güçleri ilahi ve her şeyi muhafaza eden enerjiye dönüştürülebilir. Çok istemek, arzunun mânilerini ortadan kaldırmak için çabalamaktır, mirasyedinin yalnızlık ve ıstırapla aklının başına gelip "Babasının Evi"ne dönmesidir.

Çıkarcı nefsi aştığınızda, sizi tutan zincirleri birer birer kırdığınızda *vermenin* tadına varacak, almanın mutsuzluğundan farkını kavrayacaksınız. Özünüzden vermenin, aklınızdan vermenin, içinizde büyüyen sevgi ile ışıktan vermenin güzelliğini kavrayacaksınız. Vermenin almaktan daha kutsal bir şey olduğunu anlayacaksınız. Ama verme *kalpten* olmalı, nefsin etkisiyle karşılık bekleyerek olmamalıdır. Saf sevginin hediyesi daima mutlulukla birlikte gelir. Verdikten sonra teşekkür veya övgü almadığınız ya da isminiz yazılmadığı için yaralandıysanız, hediyenizi sevgiyle değil, gösteriş amacıyla verdiğinizi ve sadece almak için verdiğinizi bilin. Aslında vermiyor, alıyordunuz.

Kendinizi başkalarının refahına adayın, yaptığınız işlerde kendinizi kaybedin, sonsuz mutluluğun sırrı budur.

Bencilliğe karşı daima tetikte olun ve içsel fedakârlık derslerini inanarak öğrenin, böylelikle mutluluğun zirvelerinde dolaşır ve ölümsüzlüğün parlak kılığına bürünerek daima evrensel neşe güneşinin hiç bulutlanmayan göğünde kalırsınız.

VII

Zenginliğin Keşfi

ZENGİNLİĞİN KEŞFİ

Sadece doğruluk, dürüstlük, cömertlik ve sevgiyle dolu bir kalbin gerçek zenginliği keşfetmesi mümkündür. Bunlara sahip olmayan bir kalp zenginlik nedir bilmez, çünkü zenginlik de mutluluk gibi dışsal bir edinim değil, içsel bir kavrayıştır. Açgözlü bir insan milyonlara sahip olabilir ama her zaman sefil, hasis ve fakir olacaktır ve dünyada ondan zengin biri mutlaka olduğundan kendini yine de fakir hissedecektir, öbür yandan dürüst, eli açık ve sevgi dolu bir insan maddi imkânları kısıtlı olsa da kısa zaman sonra tam zenginliği bulacaktır. "Doymak bilmeyen fakirdir, elindekiyle yetinen zengindir," elindekini paylaşan daha da zengindir.

Dünyanın maddi manevi bolluk içinde olduğunu düşünür ve bunu insanın elindeki birkaç altın sikkeyi korumak için gösterdiği açgözlülükle kıyaslarsak, bencilliğin ne kadar karanlık ve cahilce bir şey olduğunu görürüz, sadece kendini düşünmenin kendini yok etmek demek olduğunu görürüz.

Doğa her şeyi bolca verir ve hiçbir şey kaybetmez, insan ise hepsini sahiplenerek her şeyi kaybeder.

Gerçek zenginliği tanımak istiyorsanız çoğu insanın yaptığı gibi, doğru davranırsanız her şeyin ters gideceği inancına saplanmayın. "Rekabet" sözcüğünün doğruluğun üstünlüğüne olan inancınızı sarsmasına izin vermeyin. İnsanların "rekabet kuralları" konusunda söylediklerini umursamıyorum, çünkü onları bir gün hezimete uğratacak olan, hatta doğru insanın gönlünde ve hayatında onları şimdi hezimete uğratan "Değişmez Yasa"yı biliyorum. Bu yasayı bildiğim için bütün kötülükleri sağlam bir sakinlikle düşünebilirim, çünkü kötülüğün karşılığının yıkım olduğunu bilirim. Her koşulda *doğru olduğuna inandığınız şeyi yapın* ve yasaya güvenin, evrende içkin olan "İlahi Güce" güvenirseniz o güç sizi hiç bırakmaz, sizi daima korur. Bu güvenle bütün kayıplarınız kazanca dönüşür ve tehditkâr lanetler ilahi destek olur. Dürüstlüğü, cömertliği ve sevgiyi hiç bırakmayın çünkü onlar enerjiyle birleştiğinde sizi gerçek zenginliğe taşıyacaktır. Daima en başta "bir numara"ya, daha sonra başkalarına kulak vermeniz gerektiğini söyleyen dünyaya inanmayın. Bu başkalarından önce kendi rahatını düşünmektir. Böyleleri bir gün herkes tarafından terk edileceklerdir, tek başına ve acı içinde bağırdıklarında seslerini duyup onlara cevap verecek kimse olmayacaktır. Kendini başkalarından önce düşünmek asil ve ilahi kuvveti bastırmaktır. Ruhunuzu ve kalbinizi sevgi dolu ve cömert bir sıcaklıkla başkalarına açın ki büyük ve kalıcı neşe, zenginlik size gelsin.

Doğru yoldan ayrılanlar kendilerini rekabete karşı korurlar, her zaman doğru yoldan gidenler böyle bir savunmaya ihtiyaç duymazlar. Bu boş bir söz değildir. Bugün dürüstlük ve inanç gücüyle rekabete meydan okuyan ve rekabet söz konusu olduğunda, onların ayağını kaydıranlar yenilgiye uğrarken yöntemlerinden zerre şaşmadan muntazaman zenginliğe eren insanlar vardır.

İyiliği meydana getiren içsel niteliklere sahip olmak bütün kötü güçlere karşı zırh giymektir, bu niteliklerle donanmış insan sağlam bir başarıya ulaşır ve sonsuza dek sürecek bir zenginliğe kavuşur.

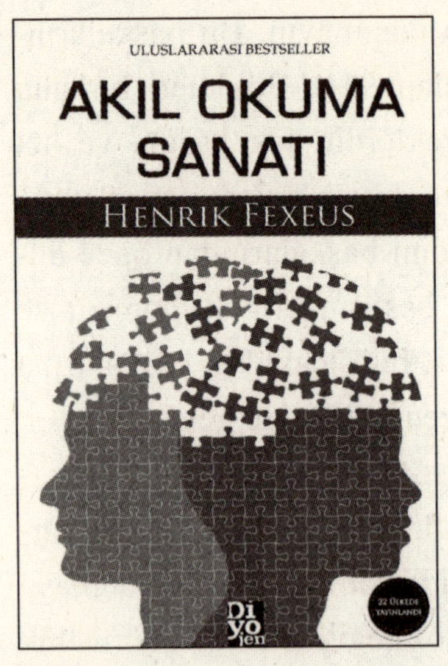

Bir limonu ısırdığınızı ve limonun ekşi tadını hayal edin. Bunu gerçekten hayal ettiyseniz, fiziksel bir tepki vereceksiniz. Ağzınız buruşmuş ve tükürük salgılamanız artmış olacak.

Oysaki tek yaptığınız hayal gücünüzü kullanmaktı. Beyniniz ise gerçekten bir limonu ısırmışsınız gibi tepki verdi. Burada ortaya ilginç bir soru çıkıyor: Beynimiz hayali durumları, hayattaki gerçek tecrübelerden ayırmakta bu kadar zorlanıyorsa, neyin gerçek neyin halüsinasyon olduğunu nasıl anlayacağız?

Her şeyi görmüyoruz, ayrıntıları kaçırıyoruz ve işaretleri yanlış yorumluyoruz. Sonunda da gereksiz yanlış anlamalarla karşılaşıyoruz. Karşımızdaki insanın ne düşündüğünü, ne hissettiğini bilebilmek, düşünce ve inançlarını istediğimiz gibi kontrol edebilmek neredeyse hepimiz için karşı konulmayacak derecede cezbedicidir.

Henrik Fexeus akıl okuma kavramına, hayatınızın her alanında; fikirlerinizin anlaşılması ve başkalarını etkilemek istediğiniz her türlü konuda ve sosyal ortamda kullanabileceğiniz yepyeni bir yorum getiriyor. Gizli mesajları deşifre etmek, artık düşündüğünüzden çok daha kolay olacak.

Fexeus'un ilk kitabı olan AKIL OKUMA SANATI yirminin üzerinde ülkede yayınlanarak uluslararası düzeyde büyük bir başarı elde etti.

DÜŞÜNCELERİNİZİ DEĞİŞTİRİRSENİZ KADERİNİZİ DE DEĞİŞTİRİRSİNİZ

- Neden bir insan üzgünken diğeri mutludur?
- Neden bir insan korkak ve endişeliyken diğeri inanç ve güven doludur?
- Neden bir insan amansız olduğu söylenen bir hastalıktan kurtulurken diğeri iyileşemez?
- Neden bir insanın güzel, lüks bir evi varken diğeri derme çatma bir yerde yaşamak zorundadır?
- Neden bir insan tam bir başarı örneğiyken diğeri sefil haldedir?
- Neden bir konuşmacı ilgi çekici ve son derece popülerken, diğeri sıradan ve sönüktür?
- Neden bir insan işinde ya da mesleğinde bir dehayken, diğeri hayatı boyunca hiçbir şey yapmadan ya da başarmadan düşe kalka yürümeye çalışır?
- Neden bu kadar fazla hoşgörülü ve ahlaklı insan zihnindeki ve bedenindeki olumsuzlukların acısını çekiyor?
- Neden ahlaksız pek çok kişi başarılı, zengin ve sağlıklı olup bunun keyfini çıkarıyor?
- Neden bir insan mutlu bir evlilik sürerken diğeri evliliğinde mutsuzluk ve hayal kırıklığı yaşıyor?
- Bu soruların yanıtı, bilinç ve bilinçaltınızın işleyişinde gizli olabilir mi?

Kesinlikle evet.

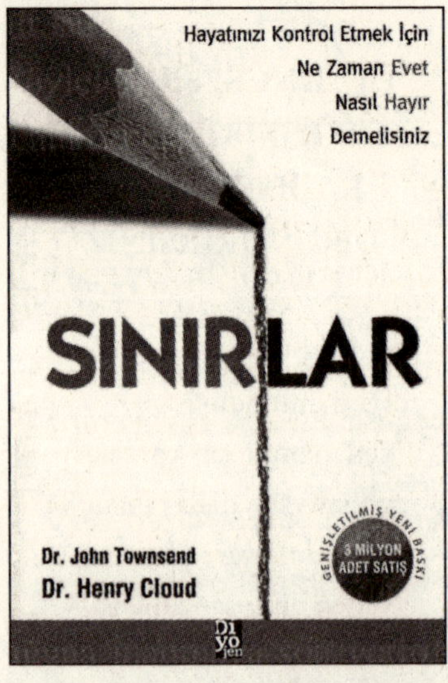

Sınırlar kim olduğunuzu ve kim olmadığınızı gösterir. Hayatınıza yön veren kişisel çizgilerdir. Zihinsel, fiziksel ve ruhsal sınırlarınızı öğrendikten sonra, insanların size ne yaptırıp yaptıramayacaklarını açık ve net olarak siz belirleyin. Bu kitapta öğrenecekleriniz, hayatınızda birçok şeyi değiştirecek.

Sevmediğiniz yemeği yemeyin, istemediğiniz ortamda bulunmayın, eşiniz ya da arkadaşınız yürüyüş yapmayı sevmiyor diye onunla televizyon seyretmeyi kabul etmeyin. Sınırlarınızın içinde kişisel alanınız ve bu alanın içinde duygularınız, yapmak istedikleriniz ve ihtiyaçlarınız, dışında ise istemedikleriniz vardır. Siz nerede durmak istiyorsunuz?

- Hayatınızı kontrol etmekte zorlanıyor musunuz?
- İnsanlar sizden faydalanıyorlar mı?
- Hayır demekte zorlanıyor musunuz?
- İstekleriniz gerçekleşmediği için hayal kırıklığına uğruyor musunuz?
- Birisi zamanınızı, sevginizi, enerjinizi ya da paranızı istediğinde nasıl cevap vermelisiniz?

"Acı kızgın bir boğa gibidir. Onu küçük bir yere kapatırsanız iyice vahşileşir ve kaçmaya çalışır. Ama açık bir alana koyduğunuzda sakinleşir. Farkındalık, acı için duygusal bir açık alan yaratır."

"Neşelen." "Bu kadar abartma." "Kendin için üzülmeyi bırak." "Her şeyi berbat etme." Tedirgin, üzgün, öfkeli ya da yalnız hissettiğinizde kafanızın içinde bu eleştirel sesleri duyuyor musunuz? Kendinize karşı yargılayıcı olmak yerine zorlu duyguları kabul etseydiniz hayatınız hangi noktada olurdu, hiç düşündünüz mü?

Dr. Christopher Germer yıllar süren bilimsel çalışmalarında mantığa aykırı gibi görünen bir sonuca ulaştı: Hepimiz acıdan kaçınıyoruz ama acıyı kabul etmek ve utanç duymadan ve yargılama olmaksızın kusurlarımıza, eksiklerimize şefkatle karşılık vermek, iyileşme yolunda olmazsa olmaz adımlardır. Bu bilgece ve anlamlı kitap öz şefkatin gücüne ışık tutarken, öz şefkat çalışmalarının nasıl uygulanabileceğini gerçekçi, bilimsel ve yaratıcı stratejilerle dile getiriyor.